迟缓的巨人

"大而不能倒"的反思与人性化转向

[荷] 赫尔特·努尔斯（Geert Noels） 著
李静 译

GIGANTISME

van too big to fail
naar trager,
kleiner en menselijker

中国科学技术出版社
·北京·

GIGANTISME: van too big to fail naar trager, kleiner en menselijker by Geert Noels,
ISBN: 9789077445372
© Uitgeverij Lannoo nv, Tielt, 2019 and Geert Noels
Original title: GIGANTISME: van too big to fail naar trager, kleiner en menselijker.
Translated from the Dutch language
www.lannoo.com
The simplified Chinese translation rights arranged with Lannoo Publishers through Rightol Media.（本书中文简体版权经由锐拓传媒取得 copyright@rightol.com）
Simplified Chinese translation copyright © 2024 by China Science and Technology Press Co., Ltd.
All rights reserved.
北京市版权局著作权合同登记　图字：01-2023-2462

图书在版编目（CIP）数据

迟缓的巨人："大而不能倒"的反思与人性化转向 /（荷）赫尔特·努尔斯著；李静译 . -- 北京：中国科学技术出版社 , 2024.11. -- ISBN 978-7-5236-0675-9
Ⅰ . F156.3
中国国家版本馆 CIP 数据核字第 2024BF4537 号

策划编辑	申永刚　方　理
责任编辑	高雪静
封面设计	仙境设计
版式设计	蚂蚁设计
责任校对	吕传新
责任印制	李晓霖

出　　版	中国科学技术出版社
发　　行	中国科学技术出版社有限公司
地　　址	北京市海淀区中关村南大街 16 号
邮　　编	100081
发行电话	010-62173865
传　　真	010-62173081
网　　址	http://www.cspbooks.com.cn

开　　本	880mm×1230mm　1/32
字　　数	158 千字
印　　张	8.125
版　　次	2024 年 11 月第 1 版
印　　次	2024 年 11 月第 1 次印刷
印　　刷	大厂回族自治县彩虹印刷有限公司
书　　号	ISBN 978-7-5236-0675-9 /F·1321
定　　价	69.00 元

（凡购买本社图书，如有缺页、倒页、脱页者，本社销售中心负责调换）

前　言

距离 2008 年爆发的那场金融危机已经过去了十多年，而距离我的《经济休克》[①]（*Econoshock*）一书出版也已经过去了十多年，那场危机是否已经彻底结束了呢？各国的中央银行实行的那些印钞和稳定金融系统的措施是否已经成功控制了其中的种种问题呢？那黑暗的一页真的让我们翻过去了吗？现在是时候对世界经济来做一次新的分析了。

如果危机已然过去，为什么经济似乎仍然尚未回归正轨？为什么各国的中央银行仍在不断地向金融系统注入资金？在清楚地知道了债务堆积是促成那次金融危机的罪魁之一的情况下，为什么我们仍然还在持续地堆积债务？"大到不能倒"既是造成经济失调的另一祸首，也是政府对这些金融机构不得不出手相救的原因——对于这些傲慢、贪婪且危险的金融机构，虽然政府从心底里宁愿它们不如就此消失，但仍然不得不出手救助。既然如此，为什么那些大到不能再大的银行时至今日不但屹立不倒，有的甚至还变得更大了呢？

在我看来，上述分析从出发点来说就已经错了。我认为，

[①] 该书出版于 2010 年。——译者注

那并不是一场金融危机,那只是经济体系更深层次脱轨的众多后果之一,是一个已经完全失衡的结构的第一次梗死。对增长的痴迷已经到了为了增长可以牺牲一切的地步,正所谓"不惜一切代价"。通过杠杆的作用,生长在经济体系之上的金融体系已经变得过分庞大,在这种情况下发生金融危机再正常不过。金融上层建筑的规模比作为其基础的实体经济大了很多倍,这是很不健康的。

金融危机的复杂性意味着许多人对所发生的一切仍然不甚了解。因此,历史常常会被重写(比如"没人有罪"的说法),甚至是会被大量简化(比如"我们不该让美国投资银行雷曼兄弟公司倒闭"之类的说法)。时至今日,造成2008年那场危机的真正原因不但没有消失,甚至都没有得到真正的缓解。在过去十年中,世界各国的领导人所做的最重要的事情,不过是争取时间而已。更多会造成危机的燃料已经被装填,甚至导致我们进入了超速传动状态[①]:更多的债务,更多的不平衡,更加庞大的金融上层建筑。

如今我们发现,这种愈发庞大的金融上层建筑的问题在纯粹的银行循环系统里并不多见,反倒是越来越多地出现在了中央银行中。它们已经成为真正的系统性银行。这个角色本来是由像摩根大通、美银美林、德意志银行或高盛等这种庞大而复

[①] "超速传动"一词本意是指在汽车传动系统中通过一系列的齿轮传动,导致输出速度大于输入速度的功能。——译者注

杂的市场性银行所扮演的，现在却由中央银行接手了。没有人真正了解所谓的系统性银行到底是做什么的，以及应该如何处理其中的复杂问题。也没有人知道怎样才能适当地控制它们对金融系统和世界经济的影响。它们的独立性使其远离了民主监督和政府管控。它们偶尔会在议会中与民选代表进行交谈，或者回答媒体的提问，但使用的却是一套加过密的金融经济术语，就好比是诡谲的神谕一般让外人听起来如堕五里雾中，无法清楚地了解其策略为何。面对仿佛占星师卜辞一般的回答，每个人都可以有不同的理解，而关键的问题却就此被淹没其中。

为了理解这一切，我们无须剖析中央银行的职能，倒是应当着重剖析它们造成的后果。危机的表象的确是金融不稳定，但其成因却不完全是金融性的。

本来是作为解决方案而出台的政策措施却使得该系统变得更加庞大。因此，不平衡将进一步加剧，直至造成另一次金融和经济的梗死。**这就是为什么对系统本身进行思考是十分必要的。是哪些因素导致其脱轨的？**倘若我们能更好地明白这一点，就能够更好地看清脱轨的程度，并理解为什么那些被大量开出和使用的"药物"只会加重"病情"而不是解决问题。

今天，气候问题得到了与 2008 年金融危机期间的金融问题同样多的关注。在我看来，它们在很大程度上都起源于一个共同的原因：**巨人主义**（gigantisme）。我承认，这虽然是一个简单的概念，但也是一个非常复杂和多面的系统。巨人主义并不是经济学中的概念，现今它主要被用于医学界，例如用

迟缓的巨人
"大而不能倒"的反思与人性化转向

巨人症一词来指代人体的过度生长。从直觉上来讲，你明白它与"大"有关，即"过大"。如同自然界中的生命体一样，其他机体也会变得过大。比如经济组织，也包括政治实体组织。而这些过大的机体反过来又会影响到建筑、船舶或飞机，让它们也变得越来越大——不论是出于显示威望，或是使用的必要，抑或是二者兼而有之。这其中当然也少不了一同扩张的自大和自负，但本书就暂时先将它们搁置一边吧。

巨人主义的成因是多方面的。我们首先需要识别它们，然后才能了解情况是如何一步步走向急剧失控的。如同自然界中的巨人主义一样，经济和金融的巨人主义是由各种元素的组合所导致的。

在理解了这一点之后，我们方能思考真正的解决方案，以应对危机和日后可能会遭遇的其他紧急情况。巨人症这一问题一旦得以解决，不但能使经济和金融体系变得更具可持续性，也能使我们社会的其他方面变得更健康。

金融危机只不过是广泛存在的弊病的表象之一，而生态和人口方面的脱轨则是这种弊病在其他方面的反映。因此，我在《经济休克》一书中提出的基本主张已得到了印证：种种似曾相识的变化如今又一次成为进行时。鉴于我们推动世界经济的方式，我们对这一切的形成可谓有着不可推卸的影响。

政策制定者还没有意识到他们视野过于狭小的问题。他们说**"增长是好事"**，这在一定程度上的确是对的。但从某一刻开始，这种说法就不再成立了。权力和决策的集中化是政策制定者的另一个信念：必须要创造出更大的体系来解决世界性的问题，"因为我们毕竟太渺小了呀！"错！许多世界性的问题其实可以通过去集中化的方式更好地得到解决。

那么气候问题或海洋塑料污染问题呢？要解决它们的话，我们总该需要一个大规模的、全球性的方法吧？由于好大喜功，我们已然默许巨人主义变成了我们经济规则的一部分，导致这些问题恶化到了失控的程度。如果我们对问题的理解就是错误的，那么就自然会提出错误的解决方案。许多问题本来并不会变得那么大，如果我们不总是那么好大喜功的话。

有些世界性的大问题也最好以分散和小规模的方式来解决：类似资源回收、垃圾分类、本地生产，或作为消费者更理性地去购买。解决气候危机的答案不在于达成几宗大额的交易，而在于拥有理性的大众和远见卓识的科学家。

为了大众以及政府，为了我们生活的社区以至于整个星球，我们应当怎么做才能让经济再度恢复健康呢？为了厘清这个萦绕在我脑海中的问题，我写下了这本书。这不仅仅是一个针对经济学家提出的问题，这个问题也影响到了我们社会的所有方面，乃至于整个人类。这就是为什么身为经济学家的我也想要从其他学科例如社会学、自然科学、体育、政治学等中学习。从自然科学中，我们能学习到脱轨的事物将如何最终达到新的平衡。体育运动教会了我们很多与脱轨有关的动力学知识，以及如何为了实现目标而同心协力，因为体育是经济和社会的一面镜子。政界人士亟须学会重塑自身，将权力交还给下级实体，减少干预，更多地信任那些以妥善管理自身利益为己任的公民和企业家，从而更好地为整个群体的共同利益而服务。

因此，如果你认为"过大"仅仅是经济性问题，那么你就需要把眼光放得更开阔一些。对我来说，对增长的迷恋已经转化为显而易见的生态和社会的失衡。我们无法掌控这些失衡问题，因为那些被提出来的解决方案只会让我们与之越行越远。不幸的是，许多解决方案的意识形态色彩都太浓了。比如说："经济学很邪恶，资本很邪恶，而公司则是所有邪恶之源""需要更多的领导力""根本没有什么气候问题，资本主义将拯救一切，企业家可以解决所有的世界性问题"等。可见，在意识形态领域也需要更多的平衡，因为没有任何一方是特别正确的。同时我们必须认识到，在意识形态图谱的两边都会涌现出有价值的观点。

要改变人们的行为，就必须要说服他们，使其产生微妙的冲动，从而引导他们走向正确的方向。这些积极的冲动不应该被全球经济的规则所淹没，**而这正是如今的痛点所在**。如果将世界经济比作一个巨大的计算机模拟游戏，那么它的操作系统现在基本上已经死机了。

因此，我们正要着手进行的是一项十分大胆的思考练习，毕竟现有的解决方案已经得到了既存权力的广泛支持：包括那些来自政界、机构和大公司的支持。变化会引起阻力，人们本身也不喜欢变化。然而，这种转变不会自上而下地发生，相反，为了能够取得成功，它将必须自下而上地进行。是的，自下而上，循序渐进。

　　这种变化在其他领域已经发生了：无论是对我们清洁技术或体面工作条件的选择，还是为了脱贫和改善环境所做出的努力，其实都并非出自已有的体系。这一切每天都在一点点地被实现着，通过所有对变化抱有信心的人们的行动，自下而上地得以实现着。**如果我们能为这个过程添加一点推动力，给它一些加速度，那么我们都将成为推动人本经济的积极分子。**我十分愿意为这样的人本经济贡献新鲜的想法，而这就是驱使我写作本书的原因。因此，这本书并不是简单的经济学书籍，其中包含了我个人对当今世界以及如何令其在明天变得更好的见解。

赫尔特·努尔斯于恩布勒姆（Emblem）

目 录

导　言　—　大富翁游戏中的作弊行为是如何导致巨人主义的？　001

第 一 章　—　巨人主义？　007

第 二 章　—　刺激巨人主义的生长激素　041

第 三 章　—　冠军联赛效应　079

第 四 章　—　巨人主义对人类的压迫　111

第 五 章　—　从痴迷增长到可持续增长　139

第 六 章　—　更小、更慢、更人性化：向可持续的全球经济迈进　165

| 第 七 章 — | 通往后巨人主义的步骤之我见 | 193 |
| 结　　论 — | 驯服巨人主义，再次赋予个人和宜居环境一席之地 | 213 |

注　释 — 227

参考文献 — 235

后　记 — 246

导 言

大富翁游戏中的作弊行为是如何导致巨人主义的?

INTRODUCTION

导 言
大富翁游戏中的作弊行为是如何导致巨人主义的？

经济学是全世界数百万人玩的游戏。游戏规则决定着游戏的发展方向，随着游戏一轮又一轮地进行，游戏制作者自然十分担心会出现作弊以及对游戏规则做出宽松解释的行为。如果你想了解巨人主义是如何发生的，只要和一些亲戚朋友玩一玩大富翁游戏就行了。亲爱的读者，就由你来扮演银行的角色吧。

大富翁游戏的规则很简单。例如，如果有人在一条租金昂贵的街道上落了脚但却无法支付租金，那么对他来说这个游戏就结束了。但大多数玩家在这一过程中却发现了一个好用的诀窍：银行向所有人分发相同的纸币，以便让破产的玩家也能够继续玩下去。然而这却改变了整个游戏的进行方式。在没有银行干预的情况下，玩家的策略应该是避免冒太大的风险，持有足够多的现金，这样才比较稳妥。而银行进行干预的话，承担大量风险（例如购买许多街道，快速建造房屋或酒店）反倒变成了上策。这是因为如果你能等待足够长的时间，你的潜在回报就会大大增加。只要银行帮助你撑过破产，你就肯定能赢得游戏。

当银行开始发钱的时候，很快就会发生以下情况：房屋和酒店会被抢空，因为有些玩家手中积累的钱非常多，完全可以建造第二个或第三个酒店。大多数玩家（他们对规则的解释显然是宽松的）也很容易接受这种玩法。于是，最冒险的玩家积累了大量的街道和酒店，而谨慎的玩家则变成了陪跑的角色，眼睁睁地看着自己与领先玩家的差距被越拉越大。

银行的干预现在导致了两种结果：承担最大风险的玩家将获胜，而在本来的游戏设定中，风险和回报之间是需要有所权衡的。此外，最鲁莽的玩家将逐渐主宰所有的街道，甚至拥有好几个酒店。这暴露了银行干预的另外一个影响：过度投资和资产膨胀（价格虚高）。最终，大富翁的垄断游戏走向结束，因为它失去了其全部意义：钱用完了，酒店也用完了。玩家看不到游戏的乐趣，也就不玩了。

在当今的全球经济中，中央银行就好比是大富翁游戏中的银行。你还是那个谨慎的玩家，而巨头们却已经意识到游戏进行的方式和原来不同了。

第一个破产的玩家像普通版游戏一样退出了游戏。但只要有第二个玩家破产，游戏就会结束。破产的玩家须将他/她所拥有的一切有价之物，包括房屋、酒店和其他财产交予债权人（银行或其他玩家）。

之后，剩余的玩家将其财产的价值相加，财产具体如下：

1. 现金。

2. 玩家所拥有的街道、公共设施或车站，其价格按照游戏桌面所示的金额来进行计算。

3. 设有抵押权益的所有物，其价格按照游戏桌面所示的金额的一半来进行计算。

4. 玩家所拥有的房屋的购买价格。

5. 玩家所拥有的酒店的购买价格（即等于4套房子的价格）。

最富有的玩家将最终赢得游戏！

第一章

巨人主义？

第一章
巨人主义？

在经济学的语境中,"巨人主义"是一个奇特的术语。它实际上是一种疾病,主要是用来指代长得太大的生物。机体巨大化还有其他名称,比如巨型增生症、增生症和肢端肥大症。不过在我看来,把这些叫法作为书名就太不吸引人了。即便是对从事经济学这样一门"凄惨学科"①的科学家来说,它们听起来仍然很令人郁闷。所有这些名称都是指**由于生长激素分泌过剩而造成**的身体上的不正常生长。这点我觉得十分有趣:生命体之所以长得太大,是由于过度的刺激,即过量的生长激素造成的。

既然这个词可以适用于生命体,我们也不妨将其挪用到众多社会组织身上:某些公司、行政机构、非政府组织、国际组织或者足球俱乐部也变得过分庞大,成了巨人。对于经济而言,这种状况可不健康,你完全可以将其以经济疾病论之。这是一种失衡状态,一种可以向其他部门和活动传播的经济失调。它既具有传染性,从经济角度来讲也不健康,因而我

---

① "凄惨学科"是苏格兰历史学家托马斯·卡莱尔(Thomas Carlyle)在19世纪为经济学创造的一个贬义的替代名称。——译者注

们必须对巨人主义予以治疗——**如果能努力预防它的话,那当然就更好了。**

在人类群体中,巨人症是相当罕见的。但是,既然关于巨人主义我能写出一本书,这就意味着我对其在经济中常见的程度十分关切。是这样的吗?从我个人的角度而言,一个小小的介绍性概述还是很有必要的。大型组织、超大型公司和大到失当的经济实体的各种问题真的存在吗?还是这一切都只是我们在想象?以前不一直都是这样的吗?

经济巨人主义的诊断并不那么简单。要想客观地评估这种病症,最好是使用以下的**三种方法**:

首先,你可以通过**异常的体量**本身对其予以确认,并将之与历史观察的结果进行比较。我们今天所见到的巨型公司和组织,其形式和出现频率是我们前所未知的吗?这是第一步。然而,巨人主义一词所指向的不仅仅是规模,它同时也指向那些在其行业或活动中变得过于庞大的公司的行为,用于表现它们的过度。因此,经济学家还要寻找某些行业或公司**高额的利润率**或过多的盈利。不过这也不单是高额或超额利润的问题,还是**集中度**的问题。过于庞大的体量、高集中度和过高的利润率表明了巨人主义的存在。如果能够认定这些病理,我们便可以确诊无疑。之后,我们则可以进一步细化诊断,罗列症状,并思考对这种经济疾病的救治措施。

第一章
巨人主义？

▎ 大小很重要 ▎

要找到那种显示大公司在我们的经济中占有越来越大的份额的数据一点儿也不困难。几乎在所有国家和所有行业中我们都能看到这种情况。在美国，200家最大的企业所创造的增加值①份额在"二战"后从30%增加到了近45%，其中最大幅度的增长发生在1975年。然而在过去的20年里，该趋势又出现了增长。

《纽约时报》也调查了美国公司的规模，并得出了同样的结论。"做大"在企业中是一种趋势（见图1-1）。企业集团的数量在不断增加，无论我们是用市值②、增加值所占的份额，还是用员工人数来进行衡量，结论均是如此。稍后我们将充分证明，这些公司之所以希望变得更大，是因为他们从中看到了一个重要的优势：规模越大势力就越大，而扩张的势力最终会带来更高的

---

① 增加值是指企业在报告期内以货币形式表现的生产活动的最终成果；是企业全部生产活动的总成果扣除了在生产过程中消耗或转移的物质产品和劳务价值后的余额，即企业在生产过程中新增加的价值。——译者注
② 企业的规模不能只由一个参数决定。一些公司拥有数万名员工，但相对于全球经济来说却是微不足道的。还有一些企业实现了数十亿元的营业额，但如果这是过境贸易（即进口再出口）的结果，其附加值可能可以忽略不计。股票市值既考虑了公司的附加值，也考虑了公司的未来发展（相对于现今的营业额或员工人数），但它可能被夸大（即所谓的"泡沫"），而且每年至少有25%的波动。因此，最好同时使用几个参数来审视"大小"问题，但市值是其中唯一一个考虑到企业未来的参数。——译者注

利润。除此之外，当竞争变得激烈时，企业当然也会想要变得更大。这是一个永无止境的故事，每个人都在追赶其他的人。

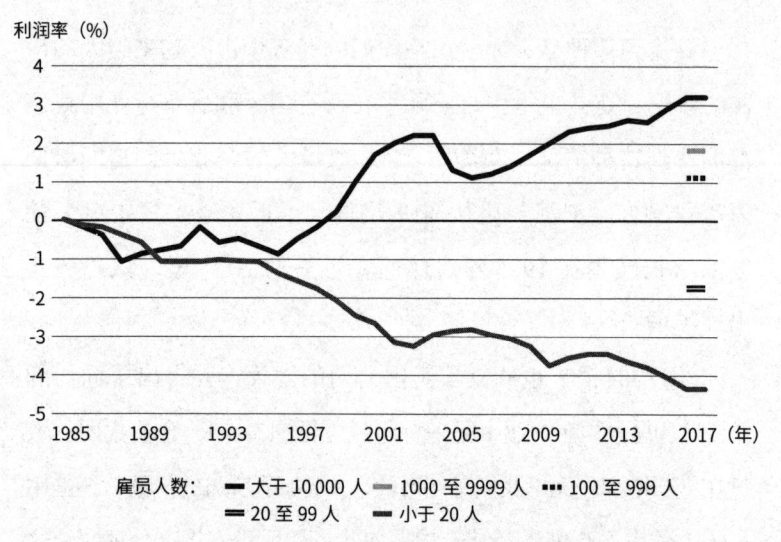

利润率（%）

```
       1985  1989  1993  1997  2001  2005  2009  2013  2017（年）
```

雇员人数：　━ 大于 10 000 人　　━ 1000 至 9999 人　　••• 100 至 999 人
　　　　　　━ 20 至 99 人　　━ 小于 20 人

美国大企业集团的员工数量在增长，然而小公司的员工数量却在下降。

图 1-1　美国企业规模的演化

来源：《纽约时报》，基于美国普查局的数据。

这一切发展到如今的地步，一路上倒也不是完全没有遇到过颠簸，甚至政治家们偶尔也会指出危险。正如来自美国加州硅谷的民主党议员罗·卡纳（Ro Khanna）在 2018 年的一次演讲中所指出的那样："这个国家的人民正在反抗的事情之一，就是反抗大型的、不断增长的机构。[1] 大家感觉到正在失去对自己命运的控制。"这只不过是巨人主义造成的众多后果之一，我们将在下面的章节中详细讨论这些后果。现在，还是

第一章
巨人主义？

让我们把症状和怨怼的病人暂时放一放，首先对这个病症本身进行一次仔细的检查吧。

最引人注目的一点是大公司市值的增加，换句话说，即根据公司在交易所的股价计算出的公司股本的总价值在增加。美国的科技公司如苹果、谷歌和微软的市值正在向10 000亿美元大关逼近。就算把交易所股价浮动的因素考虑在内，令其上浮或下挫30%的幅度，情况也不会有什么改变：它们仍然是可以主导经济的巨无霸型的组织，哪怕在全球范围内这么说也不过分。规模越来越大的不仅仅是科技公司，制药公司和银行也一样：它们在市值、员工人数、资产负债或营业额方面也变得十分巨大。如图1-2所示，以现今美元来换算的话，现在美国企业的规模的确是已经大到了出类拔萃的地步。[1] 不过我们也不应该只关注美国企业，许多中国公司的规模之庞大也在世界范围内给人留下了深刻的印象。

2019年，世界上的证券交易所被科技公司所主导了（见表1-1）。美国和中国整齐地瓜分了其中的前20名：最大的公司全都是美国的，其余的则两国都有。这意味着这个亚洲超级大国几乎拥有了和美国一样多的科技巨头。每有一个亚马逊，就有一个阿里巴巴；而每有一个苹果，就有一个小米。

---

[1] 大公司一直都有，但换算成今天美元的价值的话，过去的巨头与现在的（上市）公司相比就显得很渺小了。这并不是说巨人症在过去不是一个问题，只是说这个问题在如今要严重得多。

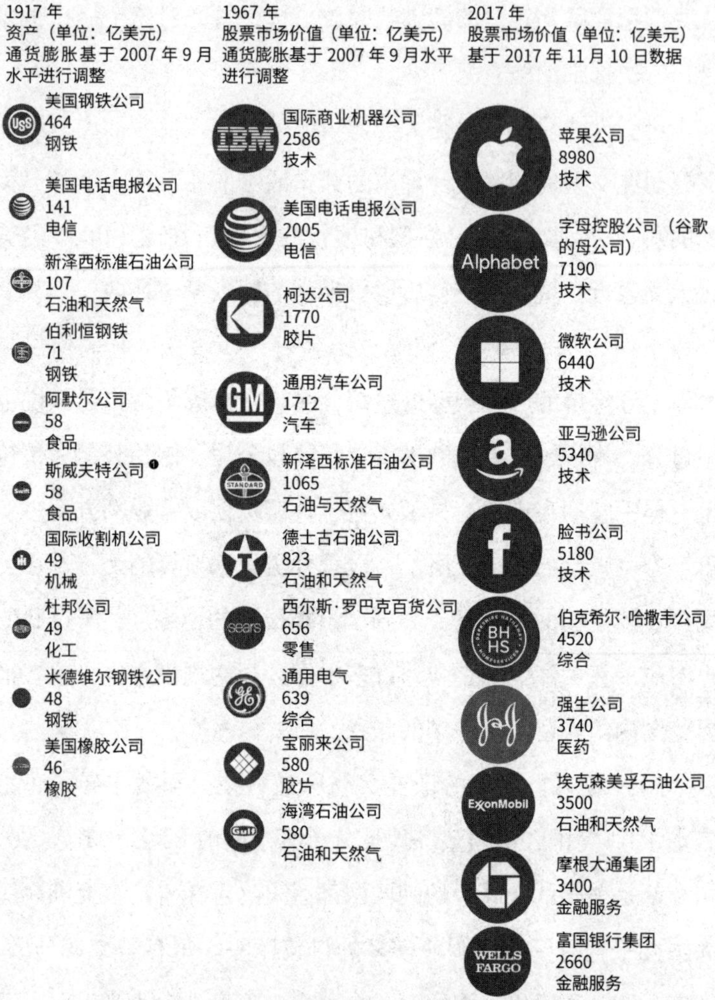

迟缓的巨人
"大而不能倒"的反思与人性化转向

1917 年
资产（单位：亿美元）
通货膨胀基于 2007 年 9 月水平进行调整

- 美国钢铁公司 464 钢铁
- 美国电话电报公司 141 电信
- 新泽西标准石油公司 107 石油和天然气
- 伯利恒钢铁 71 钢铁
- 阿默尔公司 58 食品
- 斯威夫特公司① 58 食品
- 国际收割机公司 49 机械
- 杜邦公司 49 化工
- 米德维尔钢铁公司 48 钢铁
- 美国橡胶公司 46 橡胶

1967 年
股票市场价值（单位：亿美元）
通货膨胀基于 2007 年 9 月水平进行调整

- 国际商业机器公司 2586 技术
- 美国电话电报公司 2005 电信
- 柯达公司 1770 胶片
- 通用汽车公司 1712 汽车
- 新泽西标准石油公司 1065 石油与天然气
- 德士古石油公司 823 石油和天然气
- 西尔斯·罗巴克百货公司 656 零售
- 通用电气 639 综合
- 宝丽来公司 580 胶片
- 海湾石油公司 580 石油和天然气

2017 年
股票市场价值（单位：亿美元）
基于 2017 年 11 月 10 日数据

- 苹果公司 8980 技术
- 字母控股公司（谷歌的母公司）7190 技术
- 微软公司 6440 技术
- 亚马逊公司 5340 技术
- 脸书公司 5180 技术
- 伯克希尔·哈撒韦公司 4520 综合
- 强生公司 3740 医药
- 埃克森美孚石油公司 3500 石油和天然气
- 摩根大通集团 3400 金融服务
- 富国银行集团 2660 金融服务

图 1-2　美国上市公司的规模

来源：howmuch.net/articles/100-years-of-americas-top-10-companies；福布斯网站和视觉资本。

---

① 该公司已于 2007 年被 JBS 美国控股公司（JBS USA Holdings）所收购。——译者注

第一章
巨人主义？

表 1-1 全世界最大的科技上市公司分类汇总表

名称	市值（单位：亿美元）	名称	市值（单位：亿美元）
百度	900	微软	7900
阿里巴巴	4350	甲骨文	1820
腾讯	4160	英特尔	2220
以上3家公司之总和	9410	博通	1080
		思科	2120
脸书（元宇宙）	4700	英伟达	880
苹果	7850	国际商业机器公司（IBM）	1220
亚马逊	7950		
网飞	1480	纳斯达克100	80 000
字母控股（谷歌）	7750	纳斯达克综合指数	116 000
以上5家公司之总和	29 730	标准普尔500	239 000

来源：彭博社（Bloomberg），2019年2月。

尤其是阿里巴巴和腾讯，其市值已经达到了能与美国同行相媲美的规模。**美国最大的6家科技公司的规模之和相当于其后94家美国科技公司的总和。**这不单只表明了它们令人叹为观止的庞大程度，而且也表明了一种特殊的集中度。

今天，欧洲公司的市值明显比其他地区的小（见表1-2）。把3家最大的欧洲公司——食品公司雀巢、石油和天然气公司荷兰皇家壳牌以及制药巨头罗氏——的市值相加，其规模甚至还赶不上最大的美国企业苹果公司。同样需要引起注意的是，十大欧洲公司中有5家来自欧元区以外国家，而且前10名中没有科技公司，取而代之的是跨国石油公司和大型银行。由此可以看出，欧洲仍然停留在陈旧的产业中，基本上已经与新经济擦肩而过了。

表 1-2　欧洲最大的上市公司

名称	国家	市值（单位：亿美元，已取整）
雀巢	瑞士	2320
荷兰皇家壳牌	英国 荷兰	2230
罗氏控股	瑞士	1990
诺华制药	瑞士	1950
汇丰控股	英国	1460
酩悦·轩尼诗-路易·威登集团	法国	1440
联合利华	英国 荷兰	1350
道达尔石油	法国	1270
英国石油	英国	1210
欧莱雅	法国	1190
总和		16 410

当然，股票市场不是确定企业规模的唯一标准。在欧洲，有一些大型企业集团在某一行业中占主导地位，但却并没有在证券交易所挂牌交易，比如瑞典的家居用品商店宜家或法国的体育连锁店迪卡侬。中国的情况也是如此，智能手机制造商华为也没有上市。前途似锦的欧洲公司也常常成为美国或中国巨头们的猎物，甚至在它们尚未变得特别大之前就已经被收购了，例如酒店网站缤客网[①]或芬兰游戏开发商超级细胞

[①] 缤客网在 1996 年创办于荷兰，2005 年被美国上市公司 Priceline 集团收购，后整体更名为 Booking Holdings。——译者注

公司①等。瑞典流媒体平台声田目前仍是一个例外，不过这种状态可能很快就会改变。

然而，还有一个重要的原因是，大公司在欧洲没有在美国那么普遍：**欧洲的反垄断政策与大西洋彼岸比起来要严格得多**。在欧洲，企业要想成长到可以同美国的巨型公司相抗衡的程度也更加困难，因为反垄断政策从国家层面就已经开始实施了。例如，尽管合并后的新公司并不会占据欧洲范围内对卡车市场的支配地位，但瑞典仍然在2015年前叫停了卡车制造商斯堪尼亚（Scania）和沃尔沃（Volvo）的合并。2019年，欧盟再次阻止了火车制造商阿尔斯通（Alstom）和西门子的合并。

尽管欧盟委员会对欧洲公司采取了严厉的措施，但却未能成功地对美国公司实施同样的政策。我们的企业之所以在市场规模很大的行业中还保持着较小的体量，正是这种情况所造成的结果之一。例外倒也是有的，但这些例外都存在于拥有强大的政治游说机器的细分市场中，比如金融行业和医药行业，这显然并非巧合。

然而欧洲在政府巨人主义方面确实出色。正如德国总理默克尔曾经说过的那样："虽然今天的欧洲人口只占世界人口的7%，但我们却贡献了世界上约25%的生产总值，并资助了世

---

① 超级细胞公司于2016年被腾讯收购。——译者注

界上50%的社会福利支出。因此，我们将不得不非常努力地工作，以保持我们的繁荣和生活方式。"[2]

欧洲的各级政府自身已经成为巨人。这不但体现在庞大而普遍的公共支出比①上，也体现在欧洲在农业、区域发展或者于短期内减少二氧化碳排放量方面所投入的巨额资金上。这一切创造出的是一个十分不同的经济动态：其中的巨人不是公司或其首席执行官，而是欧洲机构和欧洲的政治领导人。

在中国，巨型公司也出现了（见表1-3），而且由于它们常常为国家所有，其规模往往难以衡量，比如那些庞大的银行和能源公司，那些在证券交易所挂牌的科技公司不在此处讨论之列。

表1-3 中国最大的公司排行表

位次	名称	总部	行业	类型
1	中国石化集团	北京	石油	公众公司，中央企业
2	中国石油天然气集团公司	北京	石油	中央企业
3	国家电网公司	北京	公用事业	中央企业
4	中国工商银行	北京	银行	公众公司，中央企业
5	中国建设银行	北京	银行	公众公司，中央企业
6	中国农业银行	北京	银行	中央企业

---

① "公共支出比"指的是公共支出在国内生产总值中的份额，以百分比表示。——译者注

续表

位次	名称	总部	行业	类型
7	中国建筑集团有限公司	北京	建筑	中央企业
8	中国移动	北京	通信	中央企业
9	中国银行	北京	银行	公众公司，中央企业
10	来宝集团	香港	控股企业	公众公司

来源：《财富》杂志。

如果把从1602年到1800年间运营的荷兰东印度公司按今天的美元价值来计算的话，其市值为79 000亿美元。这相当于美国最大的20家科技公司市值的总和（见图1-3）。

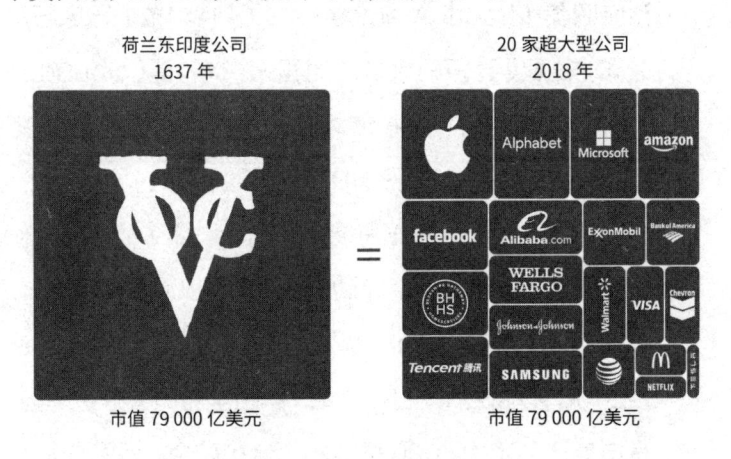

图1-3 从历史角度看企业的规模

来源：金融投资咨询公司 The Motley Fool、巴里·利索兹（Barry Ritholtz）、谢里当·提特曼（Sheridan Titman），以及杰夫·狄亚德（Jeff Desjardins）。视觉资本2017年12月8日资讯。

然而，通过历史比较来确定公司的规模并不容易。当时的证券交易所不像今天这样发达，统计数据不甚准确，国家和公司之间的关系也更加密切，而在把当时的营业额转换成今天的欧元和美元的过程中，显然会存在一定的误差。荷兰东印度公司是世界上第一个可以自由交易股票的真正的股份有限公司。它甚至拥有自己的军队①，在高峰期雇用了近三万人。该公司最终因腐败和管理不善而倒闭。

美国经济学家和评论家巴里·利索兹（Barry Ritholtz）汇编了其他存在于或远或近的历史中的巨型公司规模的数据。

- **沙特阿美（Saudi Aramco）**，即沙特阿拉伯国家石油公司，根据得克萨斯大学的谢里丹·提特曼（Sheridan Titman）教授的计算结果，2010 年其理论价值为 41 000 亿美元（以现今的美元价值折算）。
- **中石油**是中国的一家国有能源公司，以如今的美元价值计算的话，其在 2007 年的市值为 14 000 亿美元。
- **标准石**，即传奇人物约翰·洛克菲勒（John Rockefeller）的石油公司，它在 1900 年因垄断而被拆散之前，其市值达到了 10 000 亿美元。这和如今一系列的科技公司的市值差不多。

---

① 荷兰东印度公司被政府授权可以进行战争，并为此拥有自己的军队和军舰。——译者注

第一章
巨人主义？

- **微软**在 1999 年，即网络泡沫即将破灭的那一年，其市值曾经达到过 9000 亿美元的峰值。

巨人主义的现象并不只存在于公司当中。在其他行业，比如教育、卫生保健和行政管理等行业，近几十年来也经历了强劲的增长。虽然这方面的统计数据较少，但学术界一致认为，它们的整体规模也呈现出了越来越大的趋势。

在英国，中学的学生人数已经从 1950 年的平均每所学校 300 名膨胀到 2016 年的每所学校近 1000 名（见图 1-4）。在美国，巨型学校的数量在 2000 年至 2016 年期间翻了一番。虽然绝大多数学校仍然是小规模的，但是在其中就学的学生数量却只是现今学生总数中的少数。

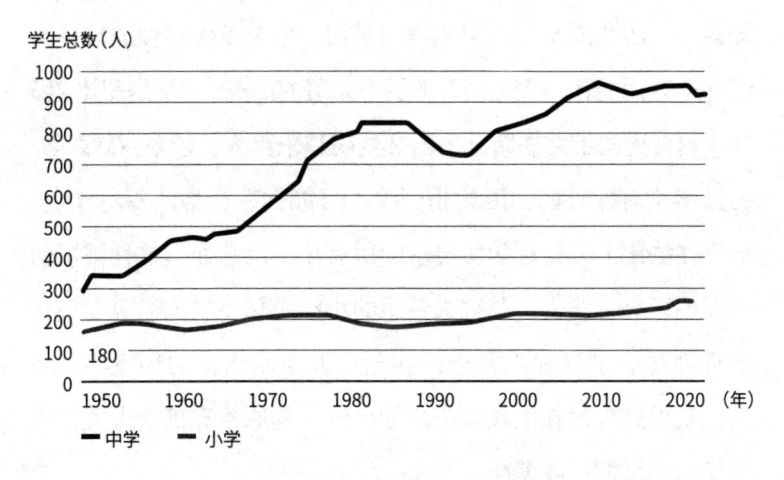

图 1-4 英国学校的平均规模

来源：英国下议院图书馆，社会指标 2625（2017）。

教育行业规模的演变实在可谓壮观：小的学校正在消失，中等规模以及特别大规模的学校的数量却在增加。 在所有西方国家我们都看到了这个现象。这主要是由经济学家推动的：规模产生的优势很容易解释，而小学校的好处则不太容易衡量。毕竟，这些好处不那么具有经济性，反而主要具有社会性。当然，更大实体的优势在于提供更多的专业，或在更大范围内分享顶级教师。但正如在本书后文中即将论证的那样，很大的学校也有很大的缺点，比如更多的意外事件、霸凌行为和孤独感，而且这些负面因素衡量起来的难度要高得多。**经济学里有句格言，"大规模意味着高效率"。这听起来似乎很简单，而且在过去的几十年里一直主导着政策的制定。**

在一般的公共服务行业中很难对规模增长进行分析，例如警察、消防队或文化组织这样的机构。但是就医疗保健行业来说，这方面的记录倒是还比较详尽。**正如研究人员所指出的那样，全世界的综合医院都一直在变得越来越大，越来越复杂。**[3] 这显然是有好处的，因为小医院不可能拥有全部的专科知识，也没办法跟上现代医学所要求的所有技术。然而，这种规模的扩大也影响了病人。与过去熟悉的小医院相比，人们会发现自己身处在一个更加工业化，甚至令人望而生畏的环境中。所以，获得这种潜在的技术进步的代价，是原本充满个人关怀和信任的环境的潜在恶化。

在这个行业里，扩张主要也是受到了经济思维过程的驱动。如果纯粹是想要优化医疗保健业的经济效率的话，所谓的规模经济将是一个十分有力的论据。意大利的研究人员对医疗行业规模扩张的现象进行了研究。他们发现，政策制定者们往往面临着提高医疗行业集中度和促进医疗机构合并的沉重压力。这种压力来自一种信念，即更大的医疗机构肯定会带来更低的平均成本和更好的临床结果，而这一切都是拜规模经济所赐。在这种情况下，为了追求最佳规模，计算规模效率自然就十分关键了。

经济性的指标更加容易获得和衡量。而更加广泛的质量和社会经济指标，比如病人的信赖度、幸福感、医务人员的参与度和所有相关人员的普遍满意度，这些因素却并不经常被人测量。而且就算确实存在这方面的统计数据，你也很难将其与其他国家或实体的数据进行比较，因为这显然与纯粹的经济数字很不一样。

通过对文献的研究，意大利的学者得出了结论：有关医疗机构规模经济的优势的出版物出现了显著的增长。**尤其是在最近几十年的时间里，"扩大规模"这一主题似乎在辩论中占据了主导地位，无论是在纯粹的商业和经济报刊中，还是在有关医疗保健的出版物中都是如此**（见表1-4）。规模报酬和规模经济这两个词的使用频率比起千禧年[①]前的十年几乎多了三倍。

[①] 千禧年即为公元2000年。——编者注

表 1-4　关于医疗的"规模优势"的文章

出版物	1969—1989年	1990—2000年	2001—2014年
商业报刊和经济杂志	0	9	16
关于医疗保健的报刊	4	7	34
医学刊物	1	3	8
管理报刊和科学期刊	3	6	14
总计	8	25	72

注：与千禧年前的10年相比，关于规模优势的文章数量几乎多了3倍。
来源：莫妮卡·詹科蒂（Monica Giancotti）、安纳玛丽亚·古列尔莫（Annamaria Guglielmo）与玛丽亚娜·莫罗（Marianna Mauro）所作《医院的效率和最佳规模：系统性搜索的结果》（Efficiency and optimal size of hospitals=Results of a systematic search）一文，2017年3月29日。

在这样一种文化中，管理变得比对病人的关注更加重要，因此巨型医疗机构仿佛雨后春笋般在世界各地涌现也就不足为奇了。

近年来，国际机构的规模也在不断扩大。非政府组织在30年前大多还只是小型实体，但现在已经发展成为真正的跨国机构。无国界医生组织（Médecins Sans Frontières）成立于1970年前后，在2015年拥有超过3万名工作人员，每年的预算高达20亿美元。"绿色和平"本来是在同一时期成立于加拿大的一个小型的倡议活动环保组织，如今却在全球范围内开展活动，拥有近5万名志愿者，每年的预算为3亿美元。援助组织"乐施会"成立于1942年，如今在100多个国家开展活动。该组织在全球有1200多家办事处，在英国的影响力尤其巨大，而它每年的预算也有 10 亿美元之多。由此可见，非政府组织也走上了其他跨国组织的道路，并且一路上发展出了专门的管理职能——从财务到人力资源——来组织其实际上的慈善活动。

规模增长和持续扩张也是国际合作的特点之一。欧盟（EU）的前身于 1951 年由 6 个创始国组成，当时被称为欧洲煤钢共同体。此后，《罗马条约》于 1957 年签订，欧洲经济共同体（EEC）随之诞生。之后，随着不同国家的陆续加入，今天的欧盟由 28 个国家组成。英国脱欧是欧盟进行的首次收缩。这也许是一个迹象，表明巨人主义还是有尽头的。

作为欧盟的一部分，欧元区也经历了类似的扩张。1999 年欧元区成立之初是由 11 个国家组成的，现在则拥有 19 个成员国。让一个北至芬兰、南到希腊的异质经济区拥有一个共同的货币是非常困难的。然而这种困难在历史上已经不止一次地出现过了，例如过去的**拉丁货币联盟**。那是 19 世纪版本的欧元区[4]，以比利时、法国、意大利和瑞士为创始国。在那之后不久，西班牙和希腊加入了联盟，再之后，罗马尼亚、保加利亚、塞尔维亚、圣马力诺和委内瑞拉也于 1889 年加入。事实证明，该组织在实现稳定的融合之前就希望进行扩张的冲动其实过于强烈了。由于希腊未能遵守协议，再加上其他的诸多原因，问题开始出现。再后来，为了给第一次世界大战提供资金而进行的大量印钞最终导致了该货币联盟的崩溃。

尽管已经有过这些历史教训，再加上 2008 年金融危机以来的紧张局势，欧元区在原则上仍将继续扩大，而且还有七个成员国在原则上仍将有义务使用欧元。例如瑞典，尽管它很早以前就应该使用单一货币，但一直拖着没有这样做。

欧元想要以美元为榜样，希望取得与美国货币相同的地位，甚至超过美元成为储备货币。奇怪的是，欧元区在追求进一步扩张之前却没有把稳定放在首位。毕竟，从金融危机中就可以看出欧元区离稳定还差得很远。如今意大利的问题再次证明了这一点——该国的执政党经常威胁要离开欧元区。而希腊问题在2011年几乎导致整个欧元区的崩溃。这些问题今天虽然似乎已经没有什么动静了，但还远没到解决的程度。它们就像休眠的火山一样，随时都可能再次喷发。

国际活动也受到了一种不可阻挡的冲动的支配：在各个层面上都要做大。第一届现代奥林匹克运动会可以追溯到1896年：14个国家参加了比赛，总共有43个项目和241名运动员。而在2016年巴西里约热内卢举行的夏季奥运会上，有来自约200个国家和地区的近12 000名运动员参加了比赛。这种增长当然是与全球化携手并进的，但这还不是全部。比赛项目的激增是另一个现象：越来越多的参赛国家和地区在300多个项目上争夺奖牌。这样的运动会只能由最大的国家，在最大的跨国赞助商的资助下组织。举办国的指定有时可能是在腐败和国际政治密谋的面纱下进行的。更为不幸的是，最初的奥林匹克精神"参与比胜利更重要"已经越来越被人们淡忘。对于承办奥运会的城市和国家以及参赛运动员来说，这场赛事代表的是大

第一章
巨人主义？

量的金钱和声望，因此才会有某些运动员对公平竞争的奥林匹克价值观表现得不屑一顾。

如果对奥运会进行瘦身，也许比赛会变得更纯粹，更接近其原本的精神。然而这似乎并不符合国际奥林匹克委员会的意图。在"少即是多"的反向运动发生之前，该赛事仍然必须拖着它庞大沉重的身躯蹒跚前行。

欧洲歌唱大赛是另一个很好的例子。这个活动也在不断扩大，但也因此正在完全失去自己的特性。1956 年，7 个国家——比利时、法国、意大利、卢森堡、荷兰、联邦德国和瑞士开始举办歌曲节。本来是有 10 个国家收到了邀请的，但丹麦和奥地利的参赛作品来得太晚，而英国则不想参加，因为它已经组织了自己的英国流行歌曲节。

然而到了 2019 年，该项赛事参赛国家的数量已经多达 42 个，甚至还包括澳大利亚和以色列。其结果是，原本纯粹的歌唱节已经难觅踪迹，取而代之的是由各种卡特尔[①]来决定胜负。关于品味和颜色当然是可以讨论的，但可以肯定的是，大部分的歌曲我们还是干脆不要听到比较好。一个新的 ABBA 乐

[①] 卡特尔一词可以用来指代垄断联盟、垄断利益集团、企业联合、同业联盟、行业联合会等，本质是一种垄断集团。在少数资源被数个企业完全掌握的情况下，为了避免过度竞争导致的整体利益下滑，由一系列生产类似产品的企业组成联盟，以通过某些协议或规定，甚至单靠共识来控制该产品的产量和价格。此处指的是在欧洲歌唱大赛评定获胜歌曲和歌手的过程中，可能出现的类似卡特尔的不公平竞争行为。——译者注

队①或法兰丝·盖儿（France Gal）②很难再脱颖而出了。

早在远古时代，人类就已经对巨人主义着迷了。希腊和罗马帝国是庞大的，而伴随着庞大帝国的还有伟大的创造。它们令人类感觉自己很强大，仿佛不可战胜。然而，不论是埃及的金字塔或是古罗马的斗兽场，若是与今天的建筑比起来，它们的规模都要小得多。位于阿拉伯联合酋长国迪拜市的哈利法塔目前依然是世界上最高的建筑。同样建在沙漠中的胡夫金字塔的高度只有 147 米，却花了 20 年的时间才宣告完工。

我们建造的东西越来越疯狂：更大，更令人印象深刻，以及更具挑战性。不仅是我们的建筑物在变大，我们的机器和车辆也是一样。空中客车 A380 可容纳 835 名乘客，而 20 世纪 70 年代的波音 747 只能容纳 416 名乘客——几乎是前者的一半。世界上最大的集装箱货轮是东方香港号：它长 400 米，宽 59 米，可装载 21 400 个总质量为 20 万吨的集装箱。而相比之下，著名的泰坦尼克号只有 269 米长，28 米宽，质量是 46 000 吨。

大的东西会刺激更大的东西出现：如果你要制造大东西，自然就得需要大机器。如果你消耗的资源越来越多，自然就得需要越来越大的设备和厂房来实现它。巨大的船舶需要更大的干船坞、更大的船闸和更大的港口。"大贝莎"既是第一次世

---

① ABBA 乐队于 1974 年代表瑞典赢得了欧洲歌唱大赛的冠军。——译者注
② 法兰丝·盖儿于 1965 年代表卢森堡赢得了欧洲歌唱大赛的冠军。——译者注

界大战期间德国军队使用的一种超级大炮的名字,也是一台耗资 8000 万美元的、用来挖掘隧道的巨型钻孔机的昵称。顺便说一下,这台巨型钻孔机之所以被叫作贝莎,灵感其实并不是来源于德国大炮,而是美国西雅图市第一位女性市长的名字,因为该设备的第一条长度为 3000 米的隧道就是在那里钻出来的。

巴格 293 是一台巨型挖掘机,于 1995 年在德国被制造出来。它在德国的褐煤矿中作业,需要 5 个人合力才能操作,质量高达 14 200 吨。它需要的发动机功率高达 16.5 兆瓦,其尺寸大得难以想象:长 225 米,高 96 米。这个机械巨兽每天可以挖掘 219 000 吨煤,最大速度为每小时 28 千米,不过后者完全是一个多余的事实,因为根本没有人会去乘坐它。**如果我们对资源的需求没有这么贪得无厌的话,这种机器就永远不会被开发出来。这一切都表明我们生活在一个巨人主义的时代,巨大的机器已经完全使人力处于从属地位,变得无足轻重了。**

▎许多行业都存在着不健康的集中 ▎

规模是巨人主义最明显的标志,但我们不应该被它所蒙蔽。这里面涉及的问题要比眼睛能看到的多得多。**有些行业规模并不十分庞大,因而也不那么显眼,但其中的集中度却**

表示巨人主义仍然是存在的。例如，独占垄断和寡头垄断指的是经济中的不健康状况，即一个或有限的几个公司占据了足以支配市场的、过大的份额。在小众市场中，一个经济活动都可能显得硕大无比；而当一个较为矮小的巨人站在普通人中间时，它就显得并不那么突出了。换句话说，在小众市场中，事物也可能会变得巨大，并产生压倒整个行业的行为效果。

衡量规模并不那么容易，因此我们必须寻找间接的措施。**集中度是一个可以用来表明不平衡增长的、特别好的间接指标。**集中意味着少数非常大的参与者主宰了整个活动，并将小的参与者推挤到角落里。但我们应该如何衡量这种现象呢？经济学家对如何客观地衡量"集中度"以及"公司规模"持有不同意见。在过去，就业可能是一个很好的指标。但在技术时代，一个企业可以在其行业中占据主导地位，却不需要在雇员数量上超过同行。

另外一个可用的衡量标准是增加值。但不幸的是，要使用这一标准的话，除制造业以外，许多企业基于其规模的时间序列[①]都不够长。然而正如我们所知，制造业的重要性已经急剧下降，所以我们在最近几十年里衡量的其实是一批并不紧要的企业。

---

① 时间序列是一组按照时间发生的先后顺序进行排列的数据点序列，通常一组时间序列的时间间隔为某一恒定值。在经济学中，如国内生产总值、消费者物价指数、加权股价指数、利率、汇率等采用的都是时间序列。——译者注

第一章
巨人主义？

还有一种方法是看利润集中度。在美国，你可以研究一下"财富500强"公司（即最大的500家公司）的利润演变过程。然后，你会发现它们相当稳定地占到了美国所有公司总利润的一半以上。所以这样粗略的计算是没有说服力的。

集中度是巨人主义的一个十分重要的问题，相当于是一种将会带来严重社会后果的经济疾病，因此我们将用一整章来详细讨论它。冠军联赛效应指出了球员的不健康集中现象，因此致使真正的竞争变得几乎不可能。毕竟，当行业门槛越来越高的时候，新加入的人还没等达到冠军的水平，就已经成为它们的猎物了。[5]

研究人员经过深入调查后发现，在过去的20年中，美国**75%的行业都在变得更加集中**。他们注意到，那些集中度增加最多的行业恰恰也拥有更高的利润率，关于它们的兼并和收购行为也更加有利可图。同时，研究人员也发现那些行业的运营效率并没有明显改善，这意味着市场势力的增加才是盈利的重要来源。因此，他们的结论是，有大量证据表明，集中度已经变高，而这导致了竞争的减少。[6]

研究和开发是未来竞争力的基础。在研发方面的支出可以看作是未来权力分配的一个指标。位于布鲁塞尔的智库布鲁盖尔和兰西尔德·沃赫勒斯（Reinhilde Veugelers）教授最近的研究都揭示了这一领域里存在极端集中的情况（见图1-5）。全球前1%的公司支出了全球研发费用的四分之一，而全球前10%的公司则几乎支出了全球研发费用的四分之三。生物制药以及信息与通信技术行业的集中度尤其高,而交通工具行业的情况也差不多。

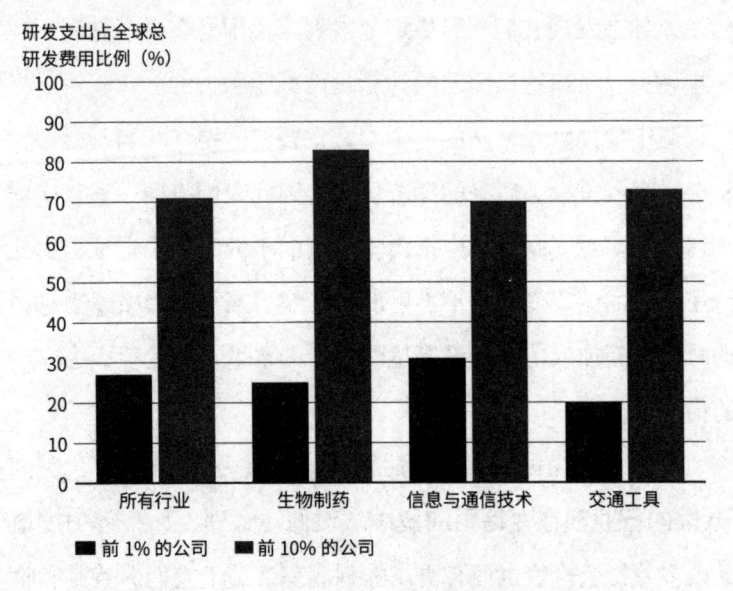

研发支出占全球总研发费用比例(%)

行业	前1%的公司	前10%的公司
所有行业	27	71
生物制药	25	83
信息与通信技术	31	70
交通工具	20	73

图1-5 不同行业中研发支出的集中程度

来源:布鲁盖尔。

这意味着大公司试图以巨大的研发预算来维持其行业领先地位。而那些较为成功的小公司,不论崭露头角的时间是早还是晚,不过是大公司并购部门的下一个可以轻松捕获的猎物而已。

就集中度而言,欧洲仍然是相对较低的,这一点与其大型公司也比较少的事实有着异曲同工之处。多特林(Döttling)2017年的研究[7]表明,在欧洲,行业的集中度要低得多。如果非要提炼出一个观点的话,那么集中度在欧洲似乎率先出现了下降，而研究人员则将这一趋势归因于欧盟更强力的监管和更严格的反垄断行动。

经济中的高利润、低工资现象

上述讨论正好使我们无缝切入了巨人主义的第三个方面：规模导致了集中。这种集中的结果是竞争减少，而这又继续促进了盈利和利润率的提高以及工资和薪金的下降。这中间唯一的例外是大集团公司本身：它们能够支付高于平均水平的工资。

国际货币基金组织根据价格加成法①（一种计算利润率的方法）计算出（见图1-6），自1980年以来，那些规模最大的公司的势力有了巨大的增长。[8]这些计算表明，最大的公司在提高利润率方面比其他公司要成功得多。不仅仅是美国，国际货币基金组织的这些研究结论对所有西方的工业化地区都是适用的。

令人吃惊的是，国际货币基金组织在新兴市场中暂时还没有发现这种利润率和市场势力扩张的现象。因此可以说这是一种典型的发达经济体（例如欧洲、美国和日本）的特征。国际货币基金组织的研究非常清楚地显示了这种效应在最近几年中加速发生的情况，这可能表明巨人主义的影响已经转入更高的

---

① 价格加成法指的是商品的成本和售价之间的差。——译者注

速度挡位了。

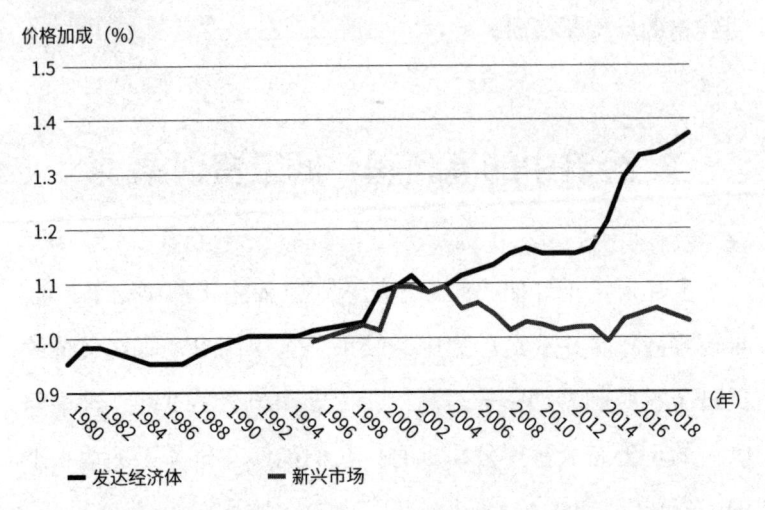

图 1-6 发达经济体和新兴市场中的价格加成

以 1990 年的平均标价为 1。

来源：迪耶兹（Diez）、雷（Leigh）与唐布勒查（Tambunlertchai），国际货币基金组织 2018 年的工作论文。

经济学家们确认的另一个重要影响[9]是，全球化不仅有利于"超级明星企业"的发展，而且还降低了劳动力在增加值中的份额，使其持续收缩。换句话说，当需要完成同样的工作时，像互联网巨头亚马逊这样的公司所需要的员工数量，将远远少于超市集团沃尔玛这样的公司。当然，你凭直觉也能感受到这一点。研究人员还指出，巨人主义所产生的这种影响在大量行业中都产生了类似的后果。**也就是说，巨人主义导致了劳动力在利润增加值中所占份额的减少，而这有利于**

第一章
巨人主义？

企业赢利。

赢利能力本身倒不是十恶不赦的。**但如果利润是特权地位的结果，那么从长远来看，它对经济是有害的。**同样地，某一个经济活动或行业中的就业率下降不一定会损害整个经济形势，因为其他行业可能会再创造出新的工作机会来。然而我们实际上要指出的是，巨型企业并不一定提供了最好的工作条件。毕竟，市场支配地位表现为多种形式，其中就包括"在雇佣关系中的支配地位"。最近，亚马逊在美国提高了其最低工资标准，这毫无疑问地表示这家互联网公司开始意识到了批评的声音。[10]

工资和工作条件只是我们在下一章要讨论的问题的一部分。巨人主义是会产生社会后果的，我们必须要充分地认识到这一点。如果我们接受支配市场的游戏规则，我们也就必须要承认并接受其社会后果。**也许在社会变化的趋势和巨人主义的兴起之间并不总是存在联系的，因此，我们才试图对其中的一些趋势加以分析。**

对美国公司赢利能力的研究把非正常利润的问题更加尖锐地暴露了出来。最大的公司（见图1–7）的利润明显高于所有其他公司的利润。自千禧年开始，这一趋势更是呈现出爆发性增长的趋势。这种利润的不正常增长清楚地表明，美国经济的集中度和势力分配在眼下已经完全被扭曲了。各公司之间的差距令人十分担忧，小公司的赢利能力还停滞在低水平，而最大集团的赢利能力则已经达到了平流层那么高。

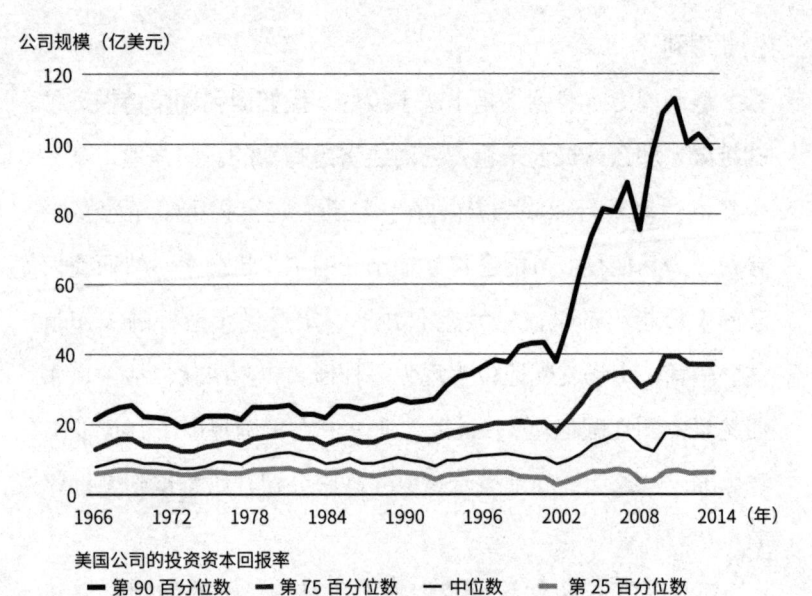

迟缓的巨人
"大而不能倒"的反思与人性化转向

公司规模（亿美元）

美国公司的投资资本回报率
━ 第90百分位数　━ 第75百分位数　━ 中位数　━ 第25百分位数

图1-7　最大的公司也是最赚钱的公司

来源：福尔曼（Furman）与沃扎格（Orsag）2015年的研究；科勒（Koller）、胡德哈特（Goedhart）与威瑟斯（Wessels）2015年的研究；麦肯锡公司。

仿佛为了证明巨人主义的证据还不够多，越来越多的迹象表明，大公司把小公司挤得在经济活动中几乎没有容身之地。例如，无论是在美国还是在欧洲，新设企业的数量都在下降（见图1-8）。这意味着市场的活力在减弱，而与此同时，拥有独占垄断地位或寡头垄断地位的企业数量却在不断增加。[①]

[①] "企业性结构"数量的增加不一定等同于"企业"数量的增加。税收结构或员工自雇是这方面的两个重要例子。——译者注

第一章
巨人主义？

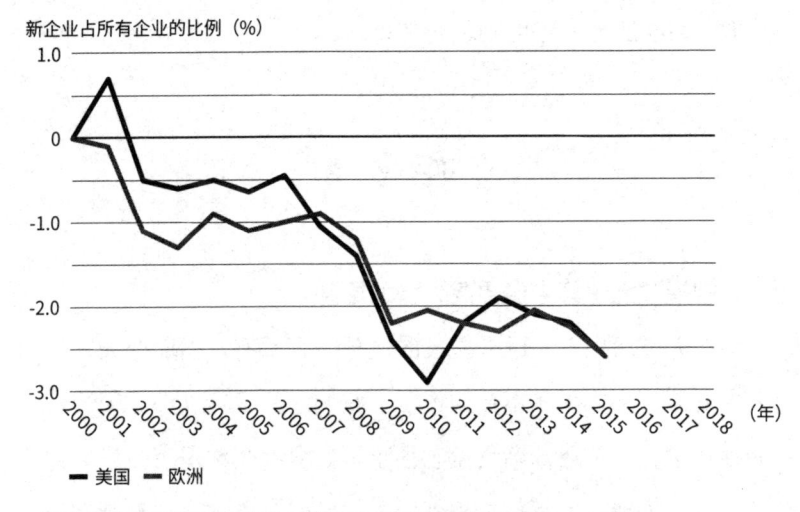

新企业占所有企业的比例（%）

无论是在美国还是在欧洲，新设企业的数量都在下降。

图 1-8　垄断的形成和盈利能力

来源：经济合作与发展组织的卡尔维诺（Calvino）、维尔哈克（Verlhac）与克里斯库洛（Criscuolo）所作之《衰落的商业动力》（Declinig business dynamics）一文。

非正常利润再次证实了经济领域中巨人主义的存在（见图 1-9），这一现象在美国最明显，尤其是在技术行业和制药行

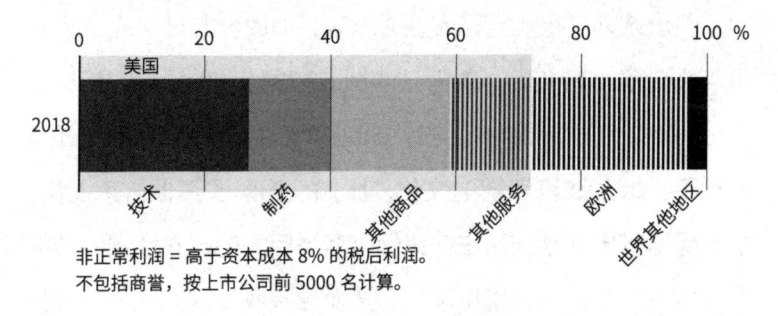

非正常利润 = 高于资本成本 8% 的税后利润。
不包括商誉，按上市公司前 5000 名计算。

图 1-9　全球非正常利润的分布

来源：彭博社。

037

业中，而在欧洲的程度则相对较低。

结论

规模更大，集中度更高，势力更强。

在人类历史上，巨人主义的例子一直都有。然而今天，巨人主义简直到了无所不在的程度：我们已经不会立即意识到它的存在了，甚至还渐渐觉得它很正常。只有当你退后一步去主动发现，抑或有人帮你指出其中的问题时，你才会注意到这种现象是如何支配我们的经济和社会的。

巨人主义产生的经济后果是深远的，它可以影响到利润率、股票市场、地区之间的权力分配以及工资和资本收入之间的关系。大公司的利润更高，支付的薪水也更丰厚。最大的集团公司不仅减少了创业的活力，还导致了创新和小企业增长速度的降低。

美国鼓励了企业的巨人主义发展，而欧洲却已经先一步开始与之斗争。因此，一方面，欧洲的跨国公司规模相对较小，这里的市场也由其他地区的公司所主导；**另一方面，欧洲却有一种不断增加政府监管的文化，比如，相对于其他国家而言，社会保障支出在欧洲所占的比例可谓是巨大的。**在欧洲，传统的自力更生被政府监管所取代，从而导致政府现在在所有领域里都占据了主导地位。我并不主张减少团结，但我认为这种团结应该少由政府来组织，多由当地的社区、家庭和朋友去组织。过去那些更有效、更便宜、更人性化的服务如今被政府制度化了。在欧洲，政府或官方机构占据了最庞大、最威严的建筑：不论是位于法兰克福的欧洲中央银行，位于布鲁塞尔和斯特拉斯堡的欧盟大楼，还是各国的政府机构办公楼。在美国，权力属于最大的公司，而在欧洲，权力则集中在最大的官僚机构手中。

当人类用越来越多的资源来满足自身的贪婪时，工程师们就制造出了越来越大的机器来掠夺地球的资源。与此同时，各个国家的权贵们争先恐后地建造最高大的建筑，以将他们个人对巨人主义的渴望予以具象化。

因规模而产生的经济效益是非常重要的，在过去也确实为我们带来了不少好处。规模经济仍然是有益的，但如今的局面却严重地一边倒，而我们对其中的不利因素还欠缺充分考虑。规模经济的效益不是被过分夸大，就是在某一个点上走向终结。我反对的不是规模经济，而是许多人对规模经济的过度重视，尤其是对社会和生态环境方面的弊端考虑不足的现状。如果我们放任这些弊端不管，那些经济效益就可能会因此而化为乌有。

第二章

刺激巨人主义的生长激素

CHAPTER 2

第二章
刺激巨人主义的生长激素

大,更大,最大。我们的经济体系提供了不成比例的、强大的激励机制,使之变得越来越大。为了获得最大的利益和承担最小的负担,"做大"已经成为十分重要的事。在某种程度上,这种演变的确可能是无意为之的,但至少在同等程度上,它其实是由大企业的代表和他们的说客巧妙地推动的,是这些人对政策施加影响的结果。这种观点无须暗示有恶意的或隐藏的议程存在,毕竟这并不是什么好像光明会、共济会或罗斯柴尔德家族那样的阴谋论。导致巨大化的冲动是多层次的,来自方方面面。

经济理论的奠基人之一亚当·斯密很早就已经对庞大的公司和竞争的缺乏感到担忧了。这位《道德情操论》(*The Theory of Moral Sentiments*)(1759年)和《国富论》(1776年)的作者一直对公司的权力问题高度关注。他认为强大的公司对经济的正常运行是一种威胁。而在250年后,我们进入了超速传动状态,组织的规模大得惊人,这不仅在经济和社会领域中是有害的,在其他领域也是如此——只要想想气候问题就知道了。

为了了解为什么这种对"大、更大、最大"的追求是错误的，我们需要回到资本主义的根源。**资本主义显然忘记了要与自己最大的敌人做斗争，即缺乏竞争以及权力向少数几个公司集中的问题。** 但这不仅仅是关于资本主义制度的事情，也是关于整个人类及其所追求的幸福的事情。一个经济体不应该只为了让一小部分人受益而让一大批人吃亏。在此处的分析中，过大的系统所带来的社会问题将被摆放在突出的位置上。**一个使大家更加幸福、不允许有过度行为的、规模上以人为本的经济环境，才是我们致力追求的。**

在本章中，我们将逐一介绍刺激巨人主义的因素，然后得出一些结论。这里的分析至关重要，它能让我们理解为什么停止这一过程并不容易，更不用说去扭转它了。巨人主义在各种系统中都很普遍，有时甚至会被提炼出来铸入法规或法律中。只有先对其中多种多样的角色彻底地了解一番，我们才有希望结束巨人主义。

四十年来一路走低的利率：世界上最大的杠杆效应

一张图胜过千言万语（见图 2-1）。自 1980 年以来，世界各大洲的利率几乎都在持续下降。1980 年，国际利率尚处在 13% 左右，而 2018 年却只有不到 2%，欧洲和日本的利率更是下降到 1% 以下。近年来，零界线甚至被证明并非底线，这一点——至少纯粹从概念上来说——与被认为健康的资本主义制度完全相悖。

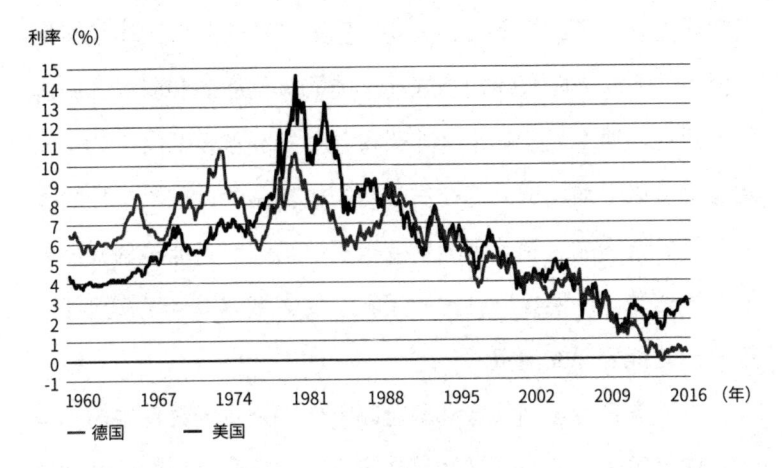

图 2-1　德国和美国利率的演变

来源：汤森金融数据库。

利率下降是这 40 年间其他重要趋势的结果，过去是，现在也还是。在 20 世纪 70 年代的快速增长（部分由石油危机造成）之后，通货膨胀率下降了。然而，中央银行对金融市场的影响也越来越大。这些中央银行实行了对金融市场和经济进行引导和干预的政策，而利率政策就是其中的一个有力武器。美国的艾伦·格林斯潘（Alan Greenspan）和本·伯南克（Ben Bernanke）以及欧洲的马里奥·德拉吉（Mario Draghi）等银行家已经系统地将利率引导到了较低的水平，试图以此推迟问题的出现，并促使有利的影响提前出现。

毕竟，利率下降会导致人们对未来的提前支取，并将开销推到遥远的天边。这到底是怎么回事呢？利率一旦下降，借款就变得更容易了。接下来，公司、家庭和政府便可以用承担额外债务的方式来购买他们本来还不能购买的商品和服务，而这些东西他们原本只能在未来才买得起。当利率较低时，公司和政府也可以增加投资。这样做是有积极作用的，如果增加的投资不会导致产能过剩，令问题变得更严重的话。廉价的钱还可能会导致非生产性投资：比如用不上的大型建筑、无人居住的鬼城或其他资源的浪费。

由中央银行强制降低利率看起来似乎是一剂灵丹妙药，但实际情况绝非如此。这样做只是改变了收入和支出的时间，或者投资的时间。好的事情（增长、消费等）提早来临，而坏的事情（清偿债务、过度消费、产能过剩等）则被推迟了。

低利率也有副作用：对公司和家庭的杠杆效应。利率的下降意味着公司的利息费用将降低。这相当于给他们输入了氧气，使其得以将节省下来的资金应用于其他方面：例如投资、提高员工的报酬以及降低价格，等等。但一个公司（或家庭）也可以决定借更多的钱。这样做的结果是，因为利率较低，利息费用将保持不变，但借贷的金额却高得多。而这正是实践中经常会发生的情况：公司、家庭和政府的负债大大增加了。

因此，低利率产生了重要的后果：它们就仿佛是经济的兴奋剂（见表2-1）——低利率会导致成瘾，对健康有副作用。

让我们把这个比喻变得更加完整一些：使用兴奋剂在短期内有积极作用，但从长期来看也有许多危害。兴奋剂还在字面意义上直接扭曲了竞争：它使那些本来无力参与竞争的人获得了优势。

表 2-1 利息和负债

负债	利率水平	利息支出
100	7%	7
116	6%	7
200	3.5%	7
300	2.5%	7
350	2%	7
400	1.75%	7
500	1.4%	7
600	1.25%	7
700	1%	7

注：利率从 2% 降到 1%，负债能力就会增加 1 倍。

利率从 7% 降到 1%，就有可能使债务增加 6 倍。换句话说，公司、政府或消费者可以多借 6 倍的钱，而负担的利息费用却可以保持不变。当然，问题不在于利息支出，而在于最后本金的偿还。这就是积累债务的危险之处。

如表 2-1 中的表格所示，这里的影响不是线性的，而是指数性的。利率从 7% 降到 6% 时，负债能力只增加了 16%。但是，利率从 2% 降到 1% 时，负债能力就会增加 100%，或者说扩大了一倍。**换算成欧元的话，利率从 7% 降到 6% 时，负债能力会增加 16 欧元。但是利率从 2% 降到 1% 时，负债能力就会增加 350 欧元，即从原本的 350 欧元增加到 700 欧元。**你可以想象一下，这对那些有能力借贷的国家（如美国或大多数欧元区国家）和公司（尤其是最大的公司可以轻易地借到贷款）将会产生哪些杠杆作用。它们将可以在债务的资助下，进行大量的收购活动。

能够以更便宜的价格借款的企业可以进行更大规模的并购活动，而支付的利息却更少。大型集团公司的利率系统性地低于小公司的利率。银行和金融市场认为较小的公司风险较大，随之对它们施加惩罚利率，因为它们的债务票据涉及的金额较小，从而不容易进行交易，固定成本也较高。因此，杠杆效应对大型公司的影响更大。

自 2008 年金融危机爆发以来，各国中央银行都推出了所谓的"资产购买计划"：它们从政府和公司购买债务票据。由于这种债券只在大型企业集团中存在，中央银行可以利用其购买计划为大型企业集团提供资金，以使其能够发行新的债务去进行新的并购活动。我们从这个例子中可以见到，政策是如何一步一步促成"大、更大、最大"并最终导致巨人主义的。

近几十年来，合并和收购（简称并购）活动的数量显著增加。百威英博、脸书、谷歌或微软等公司之所以成为巨头的原因之一，就在于它们吸收了其他的大型企业集团。大公司不断进行大大小小的并购,甚至设有单独部门来专门负责相关的事务。例如,比利时啤酒商百威英博在相对较短的时间内变身成为包括安海斯-布希、英博、科罗娜和南非米勒在内的啤酒巨头。这种扩张主要是由利率极低的债务融资推动的。

几乎在每个行业都有这种现象发生。只要我们深入研究一下过去 150 年的历史,就会发现非常引人注目的一点:大型并购活动在过去的 40 年间才出现,而在之前的很长一段时间里,它们都是不存在的(见图 2-2)。

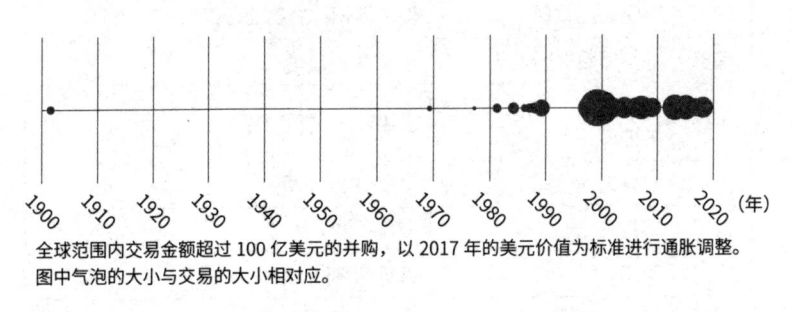

全球范围内交易金额超过 100 亿美元的并购,以 2017 年的美元价值为标准进行通胀调整。图中气泡的大小与交易的大小相对应。

图 2-2　1900—2020 年的并购交易

来源:作者根据维基百科上最大并购交易的名单进行计算。

这份过去一百年中最大的收购清单完全说明了我们的观点(见表 2-2):不仅规模最大的收购(以今天的美元价值计算,而且不包括美国在线公司在互联网泡沫顶端进行的收购)都发生在最近的时期,而且大型交易的数量也急剧增加了(见图 2-3)。这正是你能从利率刺激和债务杠杆中所期待的结果,而这些措施对大公司来说效果尤其强大。

表 2-2　1900—2018 年的重大并购案（精选）

年度	收购公司名称	被收购公司名称	交易额（单位：2017 年的十亿美元）
1901	美国钢铁公司	卡内基钢铁公司	14
1969	施乐公司	科学数据系统公司	6
1977	大西洋里奇菲尔德公司	巨蟒铜业公司	3
1981	杜邦公司	康纳和石油公司	20
1984	加利福尼亚标准石油公司	海湾石油公司	31
1987	英国石油公司	俄亥俄州标准石油公司	17
1988	菲利普莫里斯公司	卡夫食品公司	27
1989	科尔伯格-克拉维斯-罗伯茨	雷诺兹-纳贝斯克	61
1997	世界通信公司	MCI 通信公司	64
1998	埃克森石油公司	美孚石油公司	116
1998	花旗公司	旅行家集团	110
1998	贝尔大西洋公司	通用电话电子公司	80
1998	英国石油公司	阿莫科石油公司	80
1999	沃达丰集团	曼内斯曼	297
1999	辉瑞	华纳-兰伯特公司	164
1999	沃达丰集团	隔空（Airtouch）通信公司	88
1999	美国奎斯特通信公司	美国西部公司	71
2000	美国在线	时代华纳	234
2000	葛兰素威康公司	史克必成公司	108
2001	通播集团	美国电话与电报宽带公司	100
2002	辉瑞	法玛西亚公司	81
2004	摩根大通公司	芝加哥第一银行	76

续表

年度	收购公司名称	被收购公司名称	交易额（单位：2017年的十亿美元）
2006	美国电话与电报公司	南方贝尔公司	88
2008	英博集团	安海斯-布希	59
2009	辉瑞	惠氏公司	78
2015	陶氏化学	杜邦公司	134
2015	百威英博	南非米勒	134
2015	亨氏公司	卡夫	103
2015	戴尔公司	易安信公司	69
2015	英美烟草公司	雷诺兹烟草	63
2016	林德集团	普莱克斯	85
2016	拜耳	孟山都	60
2016	中国化工集团	先正达	44
2016	夏尔公司	百特公司	35
2016	软银	安谋控股公司	33
2016	微软	领英	27
2018	美国电话与电报公司	时代华纳	95
2018	华特迪士尼公司	21世纪福克斯公司	80
2018	武田制药	夏尔公司	62
2018	通播集团	天空公司	39
2018	国际商业机器公司（IBM）	红帽公司	34
2018	沃达丰集团	自由全球	22

来源：作者自己的搜索结果（根据1900—2018年发生的并购交易的公开信息进行选择。入选标准为100亿美元以上或10年内的最大交易）。

与此同时，我们对这些巨额交易的现象却已经习以为常，甚至没有人就它们提出问题。这样健康吗？在资本主义制度下，这是正常的吗？应不应该制止这种风气呢？

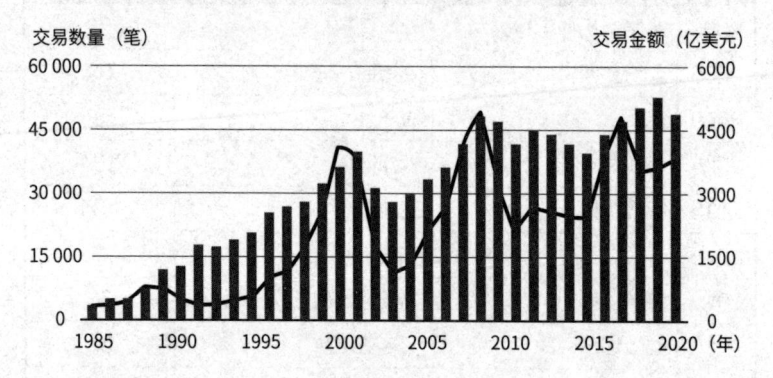

在过去的 20 年里，全球并购交易的数量和金额都有了巨大的增长。自 2000 年以来，已经发生了超过 790 000 笔并购交易，总金额达 600 000 亿美元。

图 2-3 世界范围内的并购的数量和交易金额

有太多的相关人士从这些交易中赚取了大量的金钱。各国政府也在其中看到了越来越多的国家利益：只要他们认为（无论正确与否）国家利益受到了威胁，他们就会阻止此类的收购。然而员工、客户、供应商或新竞争者的利益却没有人去维护。欧洲或者（尤其是）美国很少提出自由竞争会面临风险的观点。有时候，并购交易中（象征性的）一小部分需要被出售以做出弥补相关方的姿态，但交易大体上还是保持不变的。这样一来，自由市场就完全被改变了，而且在最近几十年里更是以惊人的速度发生着改变。

第二章
刺激巨人主义的生长激素

许多这样的大型并购是以实现规模优势或协同效应为目标的。换句话说，高层管理人员不相信"1+1"等于"2"，因为两个独立公司的组合将形成一个比两者之和更大的整体。这些协同效应可以由成本优势（即规模经济）所催生，也可以以额外收入的形式出现，因为合并后的公司将能够在更多的市场上提供更多的产品。后者既可以是多样化效应的结果，也可以是将各种知识在新的、更大的实体中共享的结果。

然而，贝恩咨询公司的一项研究[11]表明，进行收购的公司中有70%都高估了协同效应。因此，并购将创造价值的观点经常会受到质疑，虽然与学术界比起来，来自交易顾问的质疑可以说没有那么严重。根据管理杂志《哈佛商业评论》（*Harvard Business Review*）的观点，60%的合购都失败了。[12]而学术研究中提到的失败率则高达83%。[13]

协同效应确实往往是主要原因，但首席执行官们也确实喜欢把自己视作帝国的建设者。他们愿意建立一个更大的公司，并经常因为奖金或期权制度的刺激而这样做。近几十年来，自负的首席执行官们建立了许多的大公司，却只是让它们最终走向自爆。我不由自主地想到了德克夏银行、泰科、富通集团、美国在线时代华纳、德意志银行和戴姆勒－克莱斯勒。**在一个过度自信的首席执行官手中，当前的廉价资金对健康的企业来说构成了一种自我毁灭的武器。**

（过低的）利率加上利用免费资金资助并购的可能性，使得一系列的公司可以在长得难以置信的期间内持续亏损经营。

053

新的商业模式因此变成了可能：一家企业得到足够的资金后以完全破坏掉另一家公司或整个行业的方式来运营，只有自己生存下来，之后就可以利用这种（接近）垄断的情况。我此刻想到的是优步、亚马逊、时尚电子商务公司 Zalando 和网飞。在资本成本高得多而且也没有大量的流动性涌入经济的时候，像这样的经济措施显然是行不通的。这种新型的倾销属于现行经济规则范畴内。媒体、零售业和旅游业只是冰山一角而已。**大多数行业都可能陷入由巨头掀起的价格战中：它们先打破利润率将其他公司挤出市场，然后再一统这片经济的沙漠。**

全球化

近几十年来，全球化的发展也大大促进了巨人主义的成长。世界经济已经从西欧、美国和日本之间的三角博弈演变为全球性的经济，其维度已经被中国和其他亚洲国家以及——在柏林墙倒塌之后的——整个东欧完全改变。**更大的比赛场地需要更强大的球员。**欧元区的统一在银行方面证明了这一点，但这种现象在所有地区和所有时间段都可以看到。全球化是一个促进巨人主义的庞大引擎。

比如说，欧盟、欧元和欧元区就是专门为此而创立的：目的是要拥有一个与美国体量相当的内部市场，从而催生更大的公司。这样的推理本身没有错，但我们确实注意到，"尺寸"

第二章
刺激巨人主义的生长激素

作为一个特定的目标,对巨人主义产生了关键性的驱动力。如果没有欧元区,如果欧洲央行对催生全球性金融产业的野心没有"视而不见"(这么说是为了避免使用"采取了激励的政策"这样的字眼)的话,那么在2008年造成那些臭名昭著的问题(即所谓的"大到不能倒")的巨型银行在欧洲就不会出现。当时,德意志银行、巴黎银行、法国兴业银行和其他银行都在试图挑战高盛、摩根大通或摩根士丹利的霸权。

全球化的出现是自由贸易的积极影响的结果。经济学家所反对的并不是自由贸易本身。各国在其具有竞争优势的事项上进行贸易和专业化合作,这对所有的贸易伙伴都有好处。但对于自由贸易在诸多领域中产生的后果,人们却完全低估了——或者至少没能获得必要的指导。没有同等规则和社会保障保护的自由贸易只会造成扭曲,而在经济学家的简化模型中,你是找不到社会保障、产品安全标准或者二氧化碳排放标准的。

顺便说一下,除了对环境和社会的影响,巨人主义只是全球化的副作用之一。我并不主张反全球化,但我也仔细聆听了反全球主义者的意见。在绝望的情绪中,他们对整个系统都持拒绝的态度,但这就像把婴儿和洗澡水一起倒掉一样荒谬。你可以放眼全球,但同时你也可以充分立足于当地。从任何角度而言,跨国公司都是全球化的最大受益者。由于边界的开放和贸易市场的拓宽,它们的规模、增长幅度、利润和影响力都有了极大的提高。一个能够迈出步伐、在全球扩大其活动范围(无论是凭借自身的力量还是通过兼并和收购而实现)的企业，会发现其影响和规模在超比例地增加。这在商业领域中形成了一种二元局面：当地参与者与全球冠军同台竞技，而前者正日益成为后者的猎物。

公司，尤其是大公司交的税越来越少

显示 1980 年以来利率下降的图表（见图 2-1）还尚未从我们的脑海中消失，而世界范围内企业税税率的下降图几乎与利率的下降图如出一辙（见图 2-4）。**自第二次世界大战结束以来，经合组织国家的平均企业税率几乎减少了一半。**2008 年金融危机后，这种下降仍在继续。在一些行业中，比如科技行业，平均企业税率甚至更低。

造成这种下降的因素是多方面的。比如，税率曾经相当高，但致使税率在所有国家和地区均出现下降的主要原因是全球化。跨国公司在决定在哪里进行新的大型投资时，就已经开始在不同的国家之间进行博弈了。这样的决定能够为一个国家带来大量的就业机会（想想汽车组装吧），因而把各国都卷入了一场"国际选美比赛"中。大家都希望在企业随后制作出的比较表格中取得好成绩，而除定性的因素外，税收显然将在这张表格里发挥重大的作用。为了吸引跨国公司的到来，世界各国的领导人可谓竭尽所能，而首席执行官们则受到如同国家元首一般的接待。他们获得了各种形式的好处，例如直接补贴、

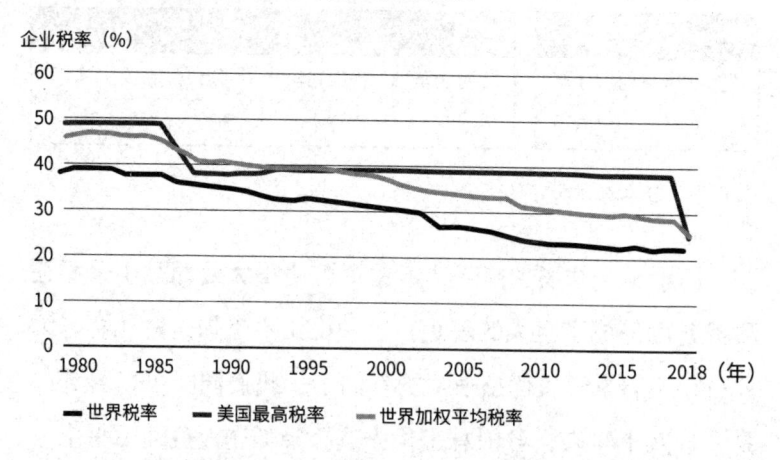

免费土地使用或办理许可方面的协助。

企业税率(%)

图 2-4　世界以及美国的企业税率

来源：税收基金会智库基于普华永道、毕马威和德勤的数据所计算。

值得注意的是，美国本来并不是低企业税率的领导者——但在特朗普总统执政期间，这种情况发生了巨大的变化。历史上，美国是企业税率最高阵营中的一分子（见表2-3）。在吸引投资的"选美比赛"中，这个国家扮演的并不是主要角色。美国公司之前奉行的是国际扩张模式，它们积极参与竞争，在各国之间相互博弈，以获得最好的条件在国外设立企业。

相对而言，其他国家和地区在减少企业税率方面却发挥了先锋作用。比如，欧盟的发展就是促使税收降低的一个因素。每个成员国都在税收优惠方面与其他欧盟成员国展开竞争，好把企业从对方那里挖走。

表 2-3 企业税费占利润的百分比

经济合作与发展组织		美国			
1980 年	2019 年	1950 年	1985 年	1995 年	2019 年
50%	< 25%	50%	40%	30%	20%

来源：作者本人的研究结果。

渐渐地，这场"国际选美比赛"使得**大公司和小公司在税务方面形成了巨大的差距**。后者反正不参加这种比赛，因此就用不着拿税收优惠来呵护它们了。我们同时可以看到的是，近几十年来，各国总是优先选择降低企业税而不是个人税（见图 2-5）。这种做法在金融危机以后更进一步加剧了。

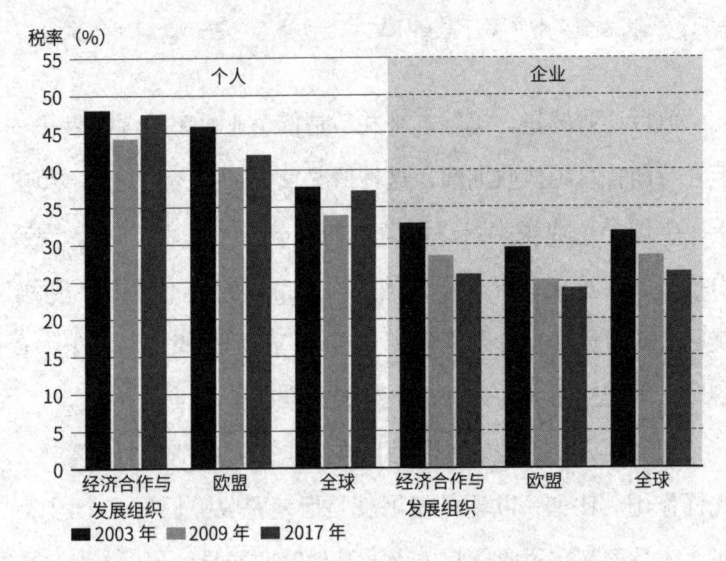

企业税率很低，而且自 2008 年金融危机以来一直在持续下降。

图 2-5 公司和个人实际缴纳的税率[14]

来源：毕马威（KPMG）。

第二章
刺激巨人主义的生长激素

2008年后,各国政府不得不应对不断上升的政府赤字和不断萎缩的经济。各国因此选择采取了支持企业的政策,并通过这种方式将企业或经济活动从其他国家挖走。而个人纳税人却要面对不断增加的税务压力。

大公司缴纳的税款要远远低于小型地方企业的税款。[15] 然而,旨在缩小这种不公正差距的努力却相对较少。解释这一点其实很简单:跨国公司与政策制定者之间保持着更为密切的联系。

在英国脱欧前,欧洲的欧盟委员会大约有31 000名职员,但与此同时却有30 000名说客居住在欧洲的布鲁塞尔。根据官方数字,华盛顿总共有12 000名说客,但研究人员早先估计这个数字可能有90 000之多,其中还不包括辅助人员。[16] 这意味着在欧洲和美国,每个政客都可能被众多的说客所围绕,理论上每1个公职人员后面都跟着1名说客。

无论是在华盛顿还是在布鲁塞尔,来自小企业的游说都远没有那么重要。小企业既没有资源,也没有政治影响力,无法就其事项提出请愿,并在政策中发挥作用。你不会在达沃斯世界经济论坛或其他国际峰会上见到这些企业的领导人。他们的首席执行官也不可能在任何中央银行或国际机构的最高管理层中谋得职位。在各个国家之间优化税务是一项专业的工作,跨国公司为此会召集自己的专家和税务顾问团队。

世界上最大的公司并不按照正常的企业税费来纳税。除此之外,这些公司还成功地做到了另一点:即它们申报的税费比实际支付的税费要高（见图 2-6）。在一些国家，比如爱尔兰，大型企业还持有储备金，如果这些储备金最终被用于例如收购、股份回购等活动的话，则无须被征税。

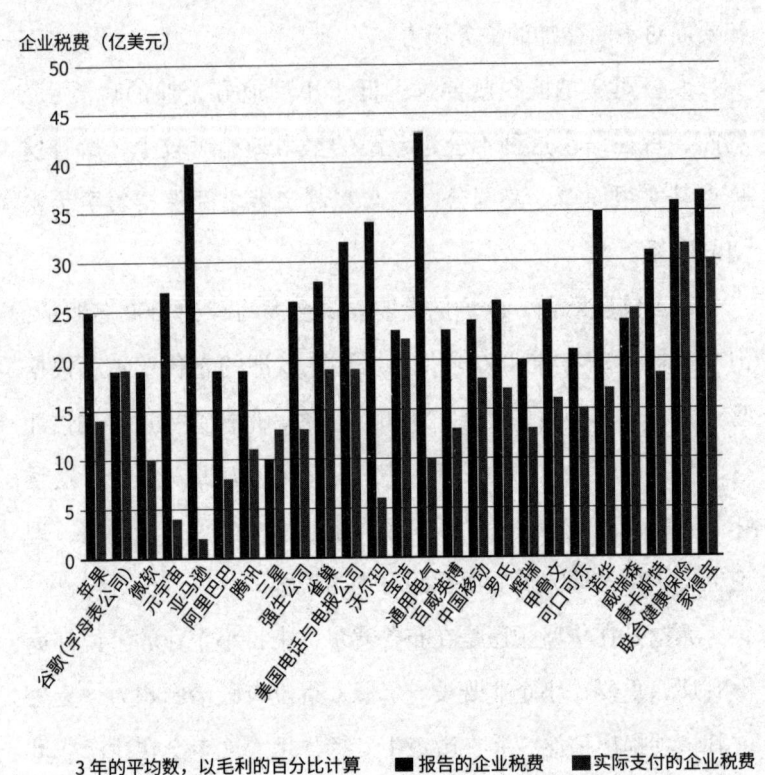

企业税费（亿美元）

3 年的平均数，以毛利的百分比计算　　■ 报告的企业税费　　■ 实际支付的企业税费

图 2-6　世界上最大公司的企业税费

来源：根据瑞银和金融时报 2017 年的数据计算而来。

企业税费的降低对巨人主义的影响可谓巨大。它们会导致大公司的资本成本降低，使得更多的资源留在公司内部，以用于例如投资、收购或提高员工报酬等。

各位读者现在已经清楚地知道,大公司可以从各种地方得到生长激素,而这种激素可以使(用于储存能量的)飞轮[①]运转起来。跨国公司会变得更大,得以享有许多小公司只能梦想的竞争优势。

监管机构,大公司之友

无论它们是否愿意,在鼓励公司做大,或者对大公司给予优惠这些方面,政府实际上都发挥了作用。举例来说,法规往往是根据跨国企业来量身定制的。这类复杂的规则对于大公司来说正合适,但适配性就小公司而言则不那么明显了。**复杂性为"做大"提供了巨大的动力**,而政府则通过各种法规创造出了巨大的复杂性。

对大公司来说,补贴是另一种形式的生长激素。它们有能力聘请补贴方面的专家:这些人不仅能够第一时间了解补贴的内容(补贴的消息向中小企业传达得则不够充分),而且可以系统深入地了解获得补贴的相关程序。

政府源源不断地制定着新的规则,同时也希望各家公司都

[①] 飞轮是在旋转运动中用于储存旋转动能的一种机械装置。飞轮倾向于抵抗转速的改变,当动力源对旋转轴有一个变动的力矩,或是应用在间歇性负载时,飞轮可以减小转速的波动,使旋转运动更加平顺。——译者注

能遵守这些规则。因此，前者责成后者创建相应的职能以确保这一点。这样的合规职能对于小企业来说是巨大的负担，但跨国公司却可以轻而易举地将其纳入现有的结构中。正如你所注意到的那样，这就是为什么大型集团公司面对新的法规时很少会出现问题的原因。它们意识到，这实际上形成了一种进入壁垒，使得它们能够保全自己在竞争中的地位。

科技（平台公司）

今天，世界上最大的公司都是科技巨头。苹果、亚马逊、谷歌和脸书可能是最知名的例子。但这其中也有来自中国的同行，比如阿里巴巴、腾讯和携程。

要是更加具体一些的话，你可以说最大的企业都是平台公司。在它们提供的平台上，用户可以找到或者使用许多服务和产品。这些公司最大限度地利用了巨人主义的优势：将上文所述的优势与技术的革新速度相结合，并且给它们的增长又来了个加速。通过这种方式，它们不单能够绑定用户，而且还能令其他企业依赖它们而生存。

缤客网从每单酒店预订中抽成的比例在10%至25%之间，如果酒店想在列表上名列前茅的话，这个比例甚至可以高达60%。因为搜索引擎将游客引向缤客网，所以对度假目的地的搜索几乎可以说是自动通过这些平台公司进行的。它们等于接受了全球旅游业的委托。科技使我们能够相当容易地掌控过去较为分散的全球活动。

由于这些平台公司的国际属性，我们并不总是能弄清楚它们是否也缴纳了相同的地方税赋。仅举几例：爱彼迎、优步、亚马逊和领英已然成为地方经济活动的门户，但它们因此拿到的佣金却流向了国外。在那些此类巨人主义直到最近还不总是存在的市场中，这些平台公司们俨然已经成长为巨人了。

裙带资本主义

政府不仅仅是通过监管来鼓励公司做大的，它们还以其他方式刺激了"大即是美"的理念。在美国，大企业资助了总统候选人的选举。政府在开展自己的项目时也更愿意与大公司进行合作。国家的信息产业园区不是由当地的中小企业，而是由如西门子、国际商业机器公司（IBM）、甲骨文或SAP公司这样的企业来管理或开发的。小企业根本无法满足类似的要求，那些要求都是为跨国公司量身定做的。

还有，政府并不总是能够支付自身的开销，而这一点却是中小企业所无法承受的。**所以大的政府更倾向于同大的公司打交道。**

除了这种在合作中对大的偏好，裙带资本主义现象在经济中也是一个问题。裙带资本主义意味着资本主义不再纯粹，它被扭曲了。公司和政府之间的距离变得过小，而与政府的关系决定着你能否成功。

大公司和政界之间的纠葛在不同的方面都有所显现。在职业生涯结束后，政治家们往往会去如高盛这样的大型金融集团、法能集团（Engie）这样的公用事业公司，或者其他需要与政府保持良好关系的企业中工作。这种旋转门是双向的，政府相关机构的许多重要职位也都由来自这些公司的人士所担任。

一个比较困难的问题是专属峰会，比如达沃斯世界经济论坛，又如彼尔德伯格会议。一方面，这些会议对于获得新想法或建立联系的确非常有用；另一方面，它们也构成了催生裙带资本主义的理想生物群落。毕竟，中小企业既没有能力（一张入场券动辄几万到几十万欧元，而且价格越高，你获得的人脉级别就越高），也没有邀请函（彼尔德伯格会议以及其他会议都是"仅限受邀人士"参加的），无法参加这类的聚会。

因此，政界和商界之间的联系向非常片面化的方向发展了。我们的决策者实际上只听到了大型公司的声音，并由此开始将这一群体的利益等同于经济利益。这不仅渗入了各种规则和条例之中，而且还渗入了凡事指望大公司的思维和人脉网络的形成之中。在部长或总统的咖啡室里，很少会出现中小企业家的身影——除非他们的公司经历了惊人的增长，并可能在未来跻身于大公司俱乐部之中。

第二章
刺激巨人主义的生长激素

"大",给人以安全感

至此,我们谈到的大多数促生巨人主义的生长激素都与宏观经济因素和政府行为有关。但人们自己也有选择安全的倾向:大多数人认为大公司比小公司更安全。所谓更安全的意思就是,出现问题或者质量不符合标准的风险比较小。又或者,就算真的出了什么问题,大公司也会保证修复这些缺陷。大型企业集团树立了这样一种形象,即它们不会很快失败。这也倒不全错:它们更加多样化,往往有更长的历史,并且公司构架已经成功地经受过了一些风暴的洗礼。因此,弃小而择大肯定是有道理的。人们也会觉得在大船上——尽管泰坦尼克号证明了这种想法并不正确——或者大飞机上更加安全。虽然大公司也可能会令人产生距离感,但是在选择大众商品或主流服务方面,这种距离感的影响微乎其微。

因此,小企业必须专注于其他方面——例如质量、小众市场、特色或者价格,以此来赢得客户。即使是在金融危机之后,小银行能从大型金融机构手中抢走的客户仍然相对较少。毕竟,这些客户注意到政府更愿意救助大银行而不是小银行。

每当大公司——例如过去的钢铁公司或者最近的汽车公司——陷入困境时,你就会看到这样的现象:政府会站出来,看看自己能做些什么来维持这些大集团的运营,好让它们不至于倒闭,并不遗余力地用各种优惠、补贴和减税措施来帮助它们。如果一家大公司破产，报纸上连篇累牍全是有关的新闻。然而当成千上万的工作机会从小企业中消失时，却根本没有人在乎。

正如我们在前面所提到的那样，小企业负担的利率更高，税负也更重，银行认为它们的风险更大。这倒也并不总是规模的原因，有时候也跟它们所处的行业有关。比如说，建筑业和餐饮业里之所以有更多的小企业，是因为这些行业具有高波动性以及周期敏感性的特点。除了这些客观原因，中小企业无论如何都会被认为风险较大——这可能是因为它们比较年轻，也可能是因为它们仅仅依靠几个关键人物，缺乏来自一个大型组织的支持，又可能是因为它们多样化的程度不够，甚至还可能是因为它们的财务报告比不上大公司的漂亮。小公司的实力在很多方面仍待证明，这意味着它们在蒙受困难的时刻往往得不到支持，而最终也有极大的可能破产。

因此，小公司陷入了一个自我应验预言[①]的旋涡中：外界不接受大公司集团与小企业其实具有相同的风险，而这种认知实际上使得小企业们处于更高的风险之中。

这反过来又影响了对人才的吸引：为大集团公司工作本来就被认为风险较小，再加上那里的工作条件又更好，于是便又一次导致了竞争局面的扭曲。

[①] 自我应验预言，或称自证预言、自我实现预言，是指某人"预测"或期待某事，而这种"预测"或期望之所以能够成真，只是因为此人相信或预期它会发生，并且由此产生的行为与实现该信念一致。——译者注

第二章
刺激巨人主义的生长激素

在抑制全球垄断问题方面行动不足

旨在刺激竞争的法律其实并不是现代社会的发明，这种法律自古罗马时代就已经存在了。古罗马人知道，若要将诸如农产品和食品之类的价格保持在可以接受的范围内，竞争是至关重要的。垄断和价格限制协议是造成价格过高或稀缺的根源。戴克里先皇帝（Keizer Diocletianus）（公元244—311年）在公元301年颁布了一项法律，规定任何试图操纵价格的人都将被判处死刑。

反垄断法律是西方历史上的一个常态。1890年美国的《谢尔曼反托拉斯法》(Sherman Antitrust Act) 旨在制约大型企业集团的价格限制协议行为。该法案也同样禁止了垄断。

在欧洲，努力打击卡特尔和其他形式的垄断是自欧盟成立以来的一贯政策。《建立欧洲经济共同体条约》(Treaty Establishing the European Economic Community) 第85条为禁止价格限制协议，第86条则涉及垄断问题。然而问题在于该项立法的执行。反垄断法已经"没有了牙齿"——这一点美国和欧洲的情况都一样。过去，重要行业的大公司仍然可能会因其市场主导地位而被分拆。但在近几十年间，此类情况却再也没有发生过，尽管执法部门在这方面曾经有所尝试。

约翰·洛克菲勒的标准石油公司是20世纪初美国最强大的公司之一，而洛克菲勒本人也是美国最富有的人。然而，在法院裁定标准石油公司构成垄断后,他的企业就于1911年被瓦解了。这家石油公司被拆分为34家小公司,其中埃克森美孚和雪佛兰至今仍是著名的品牌。

另一个出名的例子是实力雄厚的电话公司贝尔公司的解体。1982年,这个当时还叫作美国电话电报公司的巨人被分成7个较小的"贝尔宝宝公司"或区域性电话公司。除了美国电话电报公司,威瑞森通信公司也一直是一个响亮的名字。

1999年,微软也进入了《谢尔曼反托拉斯法》的监管视野,并由此引发了一场针对这家软件巨头的法律程序。微软被起诉的理由与其对个人电脑市场和操作系统领域的垄断,以及将操作系统与IE浏览器二者结合有关。**在最初的判决中,法庭认定微软在构成垄断方面罪成。法官因而命令将该公司分拆成为两部分:一部分负责操作系统,另一部分则负责编写软件程序。**然而微软提出的上诉却导致这一判决在2001年被减轻了。在新的判决中,微软承诺不仅是Word、Excel和PowerPoint程序,其他软件系统都可以在视窗操作系统平台上运行。虽然在理论上一切皆有可能,但直到现在,其垄断地位很明显依然存在,而市场中新的参与者的创新却还没有到来。

微软案是反垄断立法上的一个转折点。如果当年微软被拆分,那么今时今日其他科技巨头的情况就会完全不同。微软也许经历了一个"幸运日"吧。在判决宣布的时候,技术行业正值蓬勃发展之际——甚至有了技术泡沫的提法。然而在微软对法院的判决提出上诉的时候,技术泡沫正在破灭,美国经济陷

第二章
刺激巨人主义的生长激素

入了衰退——这种萎靡不振的状况在 2001 年 9 月 11 日那天的纽约世贸中心双子塔和华盛顿五角大楼遭受袭击之后更是加剧了。可能人们不希望出现更多的混乱，也可能是美国人想巩固其领先的技术地位吧。

其他人则认为转折点在更早的时候就已经出现了，即 20 世纪 80 年代。1987 年，在长达数日的污名化运动后，美国参议员以多数票阻止了罗伯特·博克（Robert Bork）获得美国最高法院的席位，而这位法律专家和学者也因此为人所知。即便如此，他仍旧是一位杰出的法学家，而且是由总统里根亲自提名的。但当时的里根已经因为军售伊朗丑闻[①]而元气大伤，没有勇气与参议院对抗了。

在之前的许多年间，博克在反垄断判决方面产生了很大影响：他反对对卡特尔进行过于严格的裁决，认为这种裁决对小企业主的保护太多，最终的结果仍然是消费者的购买成本提高。简单而言就是：大公司的效率更高，消费者可以用更低的价格享受到这种好处，从而增加消费者福利。最后这一点成为评估卡特尔是否存在的新准则：如果消费者可以受益，那么对并购就不应该加以阻止。

这不仅引发了一波并购大潮，也意味着美国司法部和联邦贸易委员会开始明显减少对这种并购的法律限制。

[①] 军售伊朗丑闻或伊朗门事件是指发生在 20 世纪 80 年代中期，美国里根政府向伊朗秘密出售武器一事被揭露后造成严重政治危机的事件。——译者注

如此说来，在资本主义早期，规模大、势力大的公司被分拆还是司空见惯的事，但近几十年，这种情况反倒再也没有发生了——即便在几个重要的新技术产业中，寡头垄断甚至是独占垄断已然形成。这不仅导致了（过于）昂贵的产品和服务，以及这些公司获得了巨额的垄断利润，而且还使得这些新型庞大的市场参与者减少了创新。

2018年4月，美国参议院就脸书公司的种种做法对该公司的首席执行官马克·扎克伯格（Mark Zuckerberg）进行了质询。这些问题相当朴实，从中尤其可以看出上了年纪的参议员们对新技术可谓知之甚少。尽管如此，这位脸书公司的一号人物也还是被诘问得汗流浃背：更具体地说，那是当参议员林赛·格雷厄姆（Lindsey Graham）问扎克伯格能否说出一个竞争对手的名字，而他却根本说不出来的时候。并且，他还回避了这样一个问题：脸书公司是否已经构成垄断，是否应当被纳入《谢尔曼反托拉斯法》所管辖的范围。格雷厄姆接着又问他脸书公司是不是不构成垄断，面对这个问题，扎克伯格笑着应付了过去："我当然不觉得是垄断。"

在大集团公司强大的游说力量之下，《谢尔曼反托拉斯法》以及由此延伸出去的整个反垄断工作在美国变得越来越弱了。这其中也有全球化的作用：所谓的相关市场越来越不再是本地市场了。因此，国家监管机构更不愿意看到国家冠军变小——这将有损于国际实力。要是削弱了自家冠军的力量，那么外国的竞争者不就能更容易地在本国市场上竞争了嘛。

直到最近，欧洲的反垄断行动都可谓平庸。然而就算如此，它也比美国的更严格（见图 2-7）。[17] 国家冠军的规模也比美国同行的小，因为欧盟和欧元区规模的扩张比大西洋彼岸要慢。成员国层面的反垄断立法也使得一些公司保持了较小的规模，但这样亦使得它们很容易被来自欧盟内较大的国家，或来自美国的国家冠军所吞并。最近，中国又在欧洲掀起了令人印象深刻的收购狂潮，追逐例如瑞典汽车制造商沃尔沃或奥地利飞机制造商钻石飞机工业集团这样的小型国家冠军。还有不少公用事业公司和金融机构也在中国的并购愿望清单上。

追求建立一个全球性的反垄断法庭的努力不过是徒劳。虽

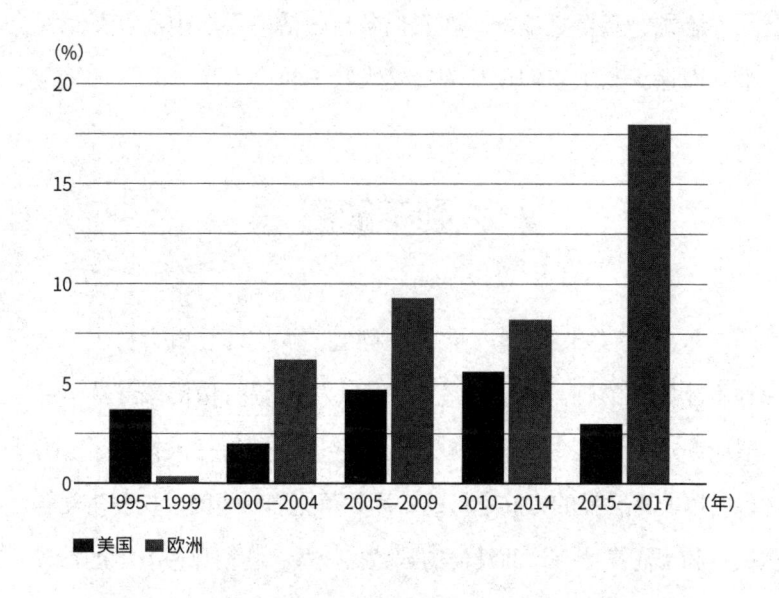

图 2-7　美国与欧洲对卡特尔的罚款占国内生产总值比例

来源：菲力彭（Philippon）与古铁雷兹（Gutiérrez）2018 年的研究。

然世界可能已经全球化，但强大的国际机构却要么并没有在同等程度上跟进，要么就是其中的人员都是以前在大型公司工作过的人，而这一点显然会令这些机构缺乏执行力。

世界上最大的树是巨杉。你可以在如美国西海岸这样的地方发现它们的踪迹。这种巨型树木的成长和大小要归功于有利的宏观环境，也就是气候。丰富的阳光与来自海洋的丰沛湿气相结合，为它们提供了源源不断的生长激素。另外，科学家们还指出了另一个必要的因素，即它们完全没有竞争对手。如果失去了这种因素的作用，那么巨杉终其一生也只不过是一棵普通的大树而已。这个因素影响的不仅是巨杉，还有鲸鱼、大象、恐龙，甚至是狼蛛。在它们各自生活的环境中没有竞争对手，而这提高了它们成长为庞然大物的机会。

大到不能倒

每次一有哪家巨头公司出了问题，人们往往就会打出"大到不能倒"的牌。在金融危机期间，大型银行仿佛残红落英一般纷纷凋落，而这个概念就应运而生了。银行们被拯救了，有些是以非常明显的方式进行的，比如荷兰国际集团、比利时联合银行和德克夏银行；而其他的则隐秘一些，它们那些有毒的债务票据被美国和欧洲的中央银行通过资产购买计划认购了。毕竟不能看着大型银行倒闭啊，"因为那样的话系统不就崩溃了嘛"。

这不仅是怪诞的夸张（其实，如果有几家大银行正式破产并被分拆成数家健康的小银行的话，那样反而会更好），也是一种恶性循环。这样的做法鼓励大型金融企业尽量做大，直到变得"大到不能倒"为止。在其他产业里，你也能感觉到公司们正在为达到这样的状态而努力：汽车企业集团对就业太重要了，电信公司对通信系统太重要了，一些标志性的公司对国家的形象太重要了，等等。

这种"大到不能倒"的想法对于经济的再生是致命的：如果老牌企业享有不朽的地位，那么产业和经济活动的真正转型将永远不会发生。

比如，自2008年以来，在金融领域里有许多机构都被称为"大到不能倒"，并一直存活至今。几乎没有过任何尝试使这些银行变小些，哪怕只是作为一种预防措施以避免未来的损失也好，但如果能够让该行业有更多竞争的话就最好了。只有来自小国的成员——像是比利时、荷兰，当然还有爱尔兰或冰岛这样的国家——被彻底绑住了手脚。小国家只可以拥有与其国家承受能力相当的银行。

大数据

对大公司来说，一个新的刺激增长因素是他们对大数据的掌控。大数据是关于客户信息的宝藏，其中包括购买行为、搜索历史以及可能的兴趣点。这使得大企业相对于小企业和新的市场参加者具有巨大的优势，因为后者没有或尚未建立这种信息。除此之外，小公司也没有配套的基础设施和资源去分析这种大数据。

一些旨在将这些信息公开（即所谓的"开源"）的倡议之所以会失败，是因为缺乏分享此类信息的经济动机。然而，有一个问题是大数据必须要与之对抗的，那就是数据隐私法规的限制。这种束缚在欧洲尤其严格，比如它阻止了大型的数据持有者（如金融机构）大规模地使用持有的数据。然而，不论早晚，大数据最终仍将在允许的框架内被使用，以抵制社交媒体巨头等侵入各行各业。

▎ 不断增长的人口 ▎

在很长一段时间里，世界人口都保持在10亿的数量级。然而，由于在过去的40年各方面所发生的指数级增长，我们正在迈向全球人口100亿的大关。显然，一个拥有10亿居民的星球的组织方式，与一个拥有80亿居民的星球的组织方式必定是不同的。

这种人口演变给地球带来了压力，特别是当地球上的大多数居民都希望能达到像发达国家那样的生活水平的时候。为了让所有优质产品和服务都能够让全世界人民获得，各国政府把

第二章
刺激巨人主义的生长激素

希望寄托在了大企业集团身上。然而，被鼓励做大的不仅仅是企业，其他组织也在经历着加速增长。想想那些非政府组织吧，它们组织自己的方式已经开始向巨大的跨国企业靠拢了。除正常的活动外，这些非政府组织还将大量资金投入到对政界的游说中，这种行为与那些被它们厌恶的跨国公司如出一辙。非政府组织越大，就越容易发生脱轨事件，更加不幸的是，这种说法在近年来被一遍遍地证实了。

人口既是巨人主义本身，也是与巨人主义有关的一些现象（如超级城市）的最大驱动力之一。一些大陆（想想非洲）的人口增长将带来巨大的挑战。新加坡正在建设一个比常规规模大得多的港口，这必将为未来50年内非洲和中国之间的贸易带来促进作用。这是有远见的吗？也许只需要简单地看一眼人口预测数据，我们就足可以断定新加坡港的港口其实还需要建得更大些。

一百年前，非洲大陆的居民人口数少于欧洲。然而到21世纪末时，非洲将拥有40亿的人口，这个数字是欧洲的8倍，并且将接近人口最多的大陆——亚洲。

更多的人口就需要更大的港口。更大的港口与其他大型港口合作，进而刺激了对大型船舶的需求。建造大型船舶就需要巨大的船坞以及巨大的发动机。如此复杂的大型发动机只能依靠巨大的工程力量来建造，而这只有大公司才能胜任。巨大的港口、巨大的机场、巨大的飞机和巨大的组织，巨人主义无所不在，但我们却没有充分意识到推动这一进程的联系和驱动力，正是它们的作用才造成了我们今天随处可见的超大规模。

广告预算

就算小公司的产品或服务比大公司的更好，它们受到的关注也少得多。其中的部分原因是广告预算以及对各种媒体的使用，广告和社交媒体吸引和保留了消费者的注意力。丰厚的广告预算可以使大公司那些本来并不怎么物有所值的产品在很长一段时间内都比小公司的优质产品更具有竞争优势。我的面包师做的利尔小甜挞[1]棒极了，可能比许多类似家乐氏或亿滋国际这样的美国跨国公司生产的甜饼还要好。但即使我的面包师想证明这一点，他也没有预算把这个信息传递出去。

我举的这个例子虽然很具体，但它清楚地说明了一个问题：在某些行业中，广告是造成巨人主义的重要诱因。在奥运会、超级碗（美式足球的决赛赛事）或者国际足联世界杯等重大活动中，巨人主义现象俯仰皆是，巨型企业以此来维持其市场地位。消费者往往只能在巨头的产品中进行选择。通过大规模地投放广告，这些集团公司的目的是让消费者遵循他们的原始本能：选择他们知道的、听说过的和信任的东西。这样一来，从这种刺激中获利的又是那批最大的玩家。种种诱因淹没了消费者，让他们认为比起被营销人员所美化的、大的竞争者

---

[1] 利尔小甜挞是一种来自比利时利尔市的特产，外形类似蛋挞，馅料有独特的香料味道。——译者注

的形象，本地的市场参与者是低人一等的。

结论

十一个方面的生长激素和"大到不能倒"的企业理论导致了巨人主义的出现。

大公司一直都存在，这本身并没有什么不妥。但当今时代的典型情况是，大公司正在成为主导并高度决定着商业活动、行业规模和全球经济的巨型企业。政府对这些巨头几乎没有控制力，其中一部分的原因，是全球化背景下的各国政府不再能够对跨国公司有所影响，同时这些公司俨然已经成为国家中的国家。它们组织精密，可以利用政府的弱点，在国际上令各个国家互相牵制。此外，它们还有办法非常近距离地接触决策者，几乎是手把着手地让他们为自己制定出新的规则。

正如本章所阐述的那样，有几个不同的因素可以解释为什么在过去几十年中企业出现了过甚的增长。与小型组织相比，大型组织可以享受到许多超出比例的优势。因此，对于一家企业而言，非常重要的一点就变成了以下的二选一：要么努力成长为大型企业，要么就得在地方或小众市场上做到出类拔萃。但即便如此，后者也已经变成了一种困难的战略，因为平台公司将小型企业置于某种形式的企业殖民化之下。小型企业如果想要创收，很多情况下就不得不支付佣金。不仅是缤客网、爱彼迎、苹果应用商店、脸书、谷歌，还有越来越多的如阿里巴巴、携程或腾讯这样的中国同行，也作为交易的促成者或者中介机构出现在当地市场和小众市场中。

大公司对我们的现代经济当然有诸多贡献，我既不否认也不需要在这里详细强调这一点。问题是它们之所以成为主导，不仅是因为它们自身的优秀，同时也的确是因为环境、法规和政策的推动——虽然也许常常是无意的。

我们在全世界范围内都能感受到巨人主义的后果。直观地说，每个人都意识到了这一点，我们将在下一章中详述这些后果。我们将要用体育来举例，更确切地说，是用足球来举例。欧洲冠军联赛是欧洲足球俱乐部之间最大的竞争。这种类似冠军联赛的现象已经在各个行业和经济活动中出现，并产生了深远的经济和社会影响。

第三章

冠军联赛效应

CHAPTER 3

第三章
冠军联赛效应

▎冠军联赛效应是什么？▎

马尔默、布鲁日、格拉斯哥和波尔图俱乐部有什么共同点？在20个世纪70年代和80年代，它们都参加过欧洲冠军俱乐部杯①的决赛。虽然如今看来可能并不怎么起眼，但是来自小国——也就是小联赛——的球队在当时都很有自己的一套。阿贾克斯、安德莱赫特，还有维也纳、哥德堡、阿伯丁和梅赫伦，都曾是通往欧洲杯决赛道路上令人恐惧的对手。

虽然现在这些俱乐部中的某几个偶尔会崛起，但总体来说这项足球赛事的顶端已经没有它们的位置了。小国曾经有份争夺欧洲冠军，虽然大国赢得更多，但小俱乐部绝非没有机会。小小的贝弗伦干掉了国际米兰，沃特沙依赢了巴黎圣日耳曼，温特斯拉赫击败了阿森纳。来自荷兰、苏格兰、爱尔兰、挪威、奥地利和瑞典的俱乐部也经常获得冠军。

基于俱乐部成绩的国家排名显示了这一点。从欧洲足球

---

① 即欧洲冠军联赛的前身。——译者注

迟缓的巨人
"大而不能倒"的反思与人性化转向

协会成立到 1990 年，小国一直占据着排名的前 5 位。匈牙利、苏格兰、比利时和荷兰更可谓是定居在欧洲足球之巅。

但随着赛事在 20 世纪 90 年代初的转型，这种情况也发生了改变。1992 年，欧洲冠军联赛成立。从那时起——换句话说，在过去的（几乎）30 年里——几个大的足球国家霸占了前三名的位置，而小国则变得萎靡不振。占据顶端的总是德国、意大利、英格兰和西班牙，变化的不过是它们彼此的相对位置而已。

这种情况并不能单纯地被归咎于巧合。阻止小俱乐部和小国家争夺冠军的，正是欧洲冠军联赛的规则。**这些规则主要是关于大笔资金再分配的。由于不参加比赛或过早输掉比赛的玩家无权从巨额奖池里分得一杯羹，于是它们与那些系统性地参加了这项"10 亿美元球赛"的顶级俱乐部之间的差距不断地扩大。** 这种效应一年比一年加剧。去年的赢家获得了更多的资源，因此能够购买——甚至可能是从直接竞争对手那里购买——更好的球员。它们获胜的机会便因此增加了。每过一年，获胜者都会强化自己，并扩大与潜在对手之间的差距。毕竟，欧洲冠军联赛会向进入最后 12 强的俱乐部支付 3000 万欧元，这个数额还是在预选赛的其他收入之外的。因此，像巴塞罗那这样的球队可以从欧洲冠军联赛中获得 8000 万欧元的收入，而一个没有通过预选赛的俱乐部却只能获得 500 万欧元。巴塞罗那队还有 2.5 亿欧元的媒体收入，而它每年的总预算则高达 10 亿欧元。

第三章
冠军联赛效应

巴塞罗那队的 24 名球员的平均年收入为 1400 万欧元。相比之下，阿贾克斯队，这个在欧洲冠军联赛创建之前的几十年里一直都可以同巴塞罗那队相抗衡的俱乐部，今天却不得不用 9000 万欧元的年度预算来运营——这个金额和进入欧洲冠军联赛 12 强球队的奖金差不多。面对是否要为俱乐部竞争一个可持续的顶级排位时，阿贾克斯队最好的年轻球员现在都已经选择了提前离开，转会到那些欧洲冠军联赛俱乐部里了。

我们对冠军联赛效应进行了计算，并将其绘制成图表，见图 3-1。小国再也无法登顶，最大的国家持续占据前 4 名的位置。

我们是如何计算冠军联赛效应的？

波特·卡西斯（Bert Kassies）做了一个数据库，其中包括了各个俱乐部自 1959 年以来在欧足联杯赛中的所有比赛。在此基础上，我们[18]又计算了 1959—2018 年间大国和小国的得分。**大国指的是德国、法国、英国、西班牙和意大利，而小国则包括荷兰、比利时、苏格兰、匈牙利、瑞典和葡萄牙。**前者拥有强大的国家队、悠久的足球文化历史和许多传统俱乐部。在计算中尤其引人注目的一点是，虽说大国始终处于俱乐部足球的顶端，但却没有完全主导欧足联的排名和俱乐部足球赛事。来自小联赛的球队有竞争的空间，来自小国的俱乐部也经常能取得高分。它们在国家排名中名列前茅，因为它们有几支在国际赛场

083

迟缓的巨人
"大而不能倒"的反思与人性化转向

6个小国所取得的平均排名，3年的平均值

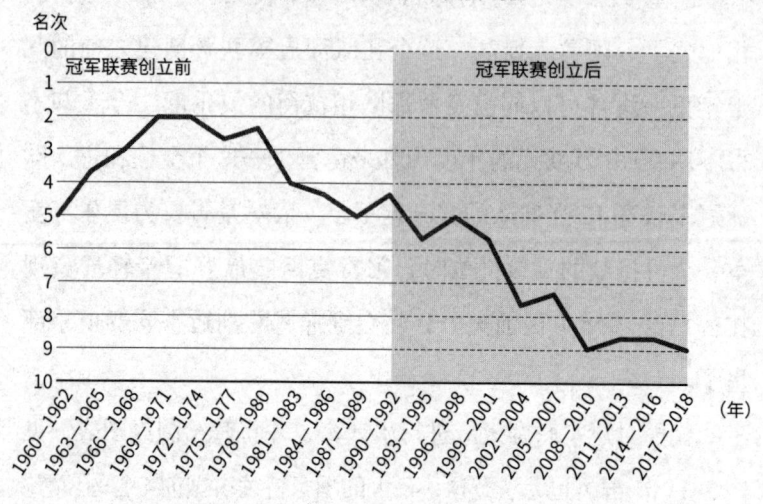

由5个大国取得前4名的名次，3年的平均值

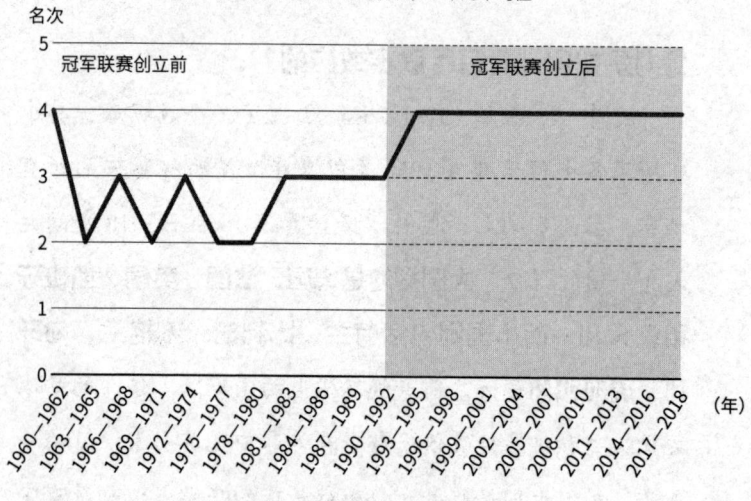

图3-1 冠军联赛效应

来源：作者本人的计算［基于波特·卡西斯（Bert Kassies）的数据］。

第三章
冠军联赛效应

上表现强劲的队伍。由于1985年的海瑟尔球场惨案[①]，英国俱乐部被排除在外，因此它们在1985年至1990年期间都没有参加欧洲赛事。

自欧洲冠军联赛于1992年创建以来，小国球队排名下降得十分惊人。与此同时，大国的球队则爬上了顶峰，然后就再也不肯离开。这一现象完美地说明了某些游戏规则（这些规则只有最大的国家才有份盖章批准）是如何为来自大国的俱乐部带来好处，并在这之后令它们毫不费力地保持其地位的。除非规则改变，否则在这项赛事中，那些小国以及与它们同样不起眼的足球队们将再没有丝毫机会持续向上竞争。

特殊情况下奇迹可能会出现，但第二年情况便会恢复正常。资金的分配（主要是电视转播权，但大型广告商对赢家也会比对输家更感兴趣）导致了赢家通吃的局面，令少数俱乐部和联赛发展到了一种超级状态。这造成的结果就是，它们在每一年、每一次新的欧洲冠军联赛的比赛中都会收到额外的金钱，从而得以延续其领先优势。只有管理不善才能毁坏这些球

[①] 海瑟尔球场惨案是指发生于1985年5月29日比利时海瑟尔球场的惨案。利物浦队与尤文图斯队进行欧洲冠军杯决赛前，意大利与英国球迷发生冲突，造成40多人死亡，300多人受伤。由于惨剧的影响，英国足总为了逃避欧洲足协的严峻处罚而先发制人，宣布无限期地禁止利物浦队参与欧洲赛事，禁令后来降至10年，最终为6年；亦同时禁止其他英国球队参加欧洲赛事5年。——译者注

队,但事实证明,即使是在出现丑闻的情况下(例如使用兴奋剂、打假球等),大俱乐部对掩盖真相也很拿手。

凭借其庞大的财务资源,它们可以预防性地买入尽可能多的人才,最好是那些来自小俱乐部和小联赛的人才。这些人才有时甚至完全没有被征召,而只是被留在了他们原来的俱乐部里。十分疯狂的一点是,为了让这些足球人才能够在它们的影响范围内进行比赛,大型足球俱乐部甚至买下了整支球队!足球运动的规则制定机构对这一切听之任之,这在很大程度上表明了规范的模糊化——这么说已经算是最轻的了。

小俱乐部也许会因为自己的年轻球员获得的大笔资金而感到高兴,却没有意识到它们将因此永远保持无足轻重的地位。大球队买下了许多有天赋的球员,因此就连它们的替补组都可以轻易地成为小型足球联赛的冠军。

对此,那些较小的联赛要么就只能选择接受,要么就得自己建立一个更大的联赛继而实现飞跃。但这也正是冠军联赛效应的关键:**大,刺激出了更大。**

我用的例子虽然过于具体,但这样做的好处是清晰明了。许多人对体育比赛很熟悉,而这个例子可以使人们更容易地理解经济游戏。

顺便说一句,这种效应在各种项目的所有体育比赛中都有充分的体现和记录。正是基于这样的原因,美国国家篮球协会引入了纠正机制以在不同大小的篮球俱乐部之间重新达到平衡。排名最低的球队可以优先从篮球新人库中选择人才。这样

#第三章
冠军联赛效应

做的作用之一就是美职篮的比赛变得更加精彩，就算是小球队的支持者和球员也可以在平等的条件下竞争。当然了，这个矫正系统也免不了会受到体育老板的操纵：他们经常让自己的俱乐部在几年内故意输球，以便能够优先购买年轻的人才。

体育界的冠军联赛效应与实体经济之间存在着平行关系。冠军联赛规则的长期影响不容小觑，它是对巨人主义的一个很好的比喻。从潜在的竞争队伍中购买年轻的人才，这与大集团对快速成长的或前途光明的小公司的并购活动遥相呼应。推高此类并购的价格本身就是一道防线，因为它阻断了中小企业参与这种收购战略的可能性。大赞助商找上大俱乐部，就像政府或大客户喜欢与大公司进行合作一样。对小联赛中的小球队而言，这却形成了新的进入壁垒。照搬到商业世界里，就好比亚马逊参加的是欧洲冠军联赛，而你家附近的商店或小连锁店参加的却是比利时甲A联赛。跨国公司在欧洲冠军联赛中使用其旗下的A级品牌，而在地方联赛中则使用其B级品牌，这简直可以说是一种讽刺。它们因此可以保护自己的地位，而小球队和大球队之间的差距却随着每一场新开始的足球比赛而扩大。除非改变竞争规则，否则这种情况将只会继续下去。

通过冠军联赛效应，大国获得了不可逾越的优势。从电视转播权、赞助合同，到季票销售和城市旅游的创收[①]，对于今

---

① 据巴塞罗那俱乐部估计，在每次主场比赛中都有超过1万名的游客来到这座西班牙城市。

天像巴塞罗那、曼彻斯特或阿森纳这样的顶级俱乐部来说，一切都变得更大了。然而在过去，这些顶级俱乐部往往不敌来自小国的对手，比如阿贾克斯、安德莱赫特、波尔图、格拉斯哥凯尔特人或布加勒斯特星。

英超联赛是英格兰最高级别的足球联赛，它的 20 家俱乐部的收入，比所有 48 个欧洲足球国家（不包括德国、法国、西班牙、土耳其和俄罗斯）中的 597 家顶级俱乐部的收入总和还要多。 在这些小联赛中，有一些国家——想想荷兰、葡萄牙、比利时、瑞典和苏格兰吧——可是曾经出现过大型的欧洲顶级俱乐部的。然而目前看来，从这些小联赛中重新崛起一支能够与大国球队长期竞争的顶级球队的机会却几乎为零。问题不在于它们的青年人才、支持者的热情或者俱乐部管理层的意愿，而完全在于这项欧洲赛事的规则。

冠军联赛效应把原因（比赛规则）和结果（大俱乐部变得更大，小俱乐部变得更小）很好地联系了起来。同样地，我们在上一章中所描述的实体经济中的游戏规则，也会刺激这种结果的产生。这种结果可不仅仅是一条区分大与小的界线，它要深远得多。

冠军联赛的例子也清楚地表明，比过一轮和比过几轮之后的效果是不一样的。或者换句话说，短期和长期的效果是不一样的。让小国和小俱乐部在一段时间之后被人比下去，可能从来都不是欧洲足球协会比赛改革者的本意。他们想要的是一个紧张刺激的、由顶级球员和顶级俱乐部参加的顶级联赛。然而只有等到三五年之后，意料之外的后果才清晰地显现出来。到目前为止，一切证据都表明这种影响只会越来越严重，差距只会变得越来越大。大俱乐部似乎正在努力创立它们自己的欧洲超级联赛，一个它们自己的私有联赛。11家创始俱乐部[①]将在该超级联赛中获得20年的永久席位，而其他5个俱乐部[②]将被允许作为"客队"参加。如果这些计划成真，它们将从事实上为足球运动的巨人主义奠定基础。这项运动的刺激性将被部分扼杀。"小型的"家庭式俱乐部和不可预测事件（例如，莱斯特城队成为英格兰足球联赛冠军这样的事件）将不复存在。伴随着巨人主义的出现，体育的灵魂，即其中人性的部分，也将走向消亡。

事实上，冠军联赛创立至今已经超过25年，而这项欧洲比赛之所以还没有被改革，很可能与大俱乐部和大联赛的游说有关。情况一旦变得严重，要改变它就会很困难。如果你知道高层就是由这其中最主要的受益者所任命的，那么从高层开始的改革就注定会失败。

超大型建筑

对超大型的刺激最终也会影响城市和建筑的发展方式，以

[①] 即皇家马德里、巴塞罗那、曼联、拜仁慕尼黑、切尔西、阿森纳、尤文图斯、巴黎圣日耳曼、曼城、利物浦和AC米兰。
[②] 即马德里竞技队、多特蒙德队、马赛奥林匹克队、国际米兰队和罗马体育俱乐部队。

及机器和组织的形式。毕竟冠军联赛的影响无处不在。

在航运业，一个超级港口俱乐部正在形成，其中的成员包括新加坡、上海、釜山、迪拜、香港和鹿特丹。它们鼓励使用超大型集装箱船，而这种大型船只能在深海港口停泊。通过这种做法，它们创造了一个进入壁垒，将其他的港口降到了较低的等级。

在航空运输领域你也会看到同样的现象。一些机场获得了枢纽地位，成为庞大的交通节点：比如亚特兰大、伦敦、迪拜、芝加哥或史基浦[①]这样的机场。在那里，空客A380这样的超大型飞机能够起降。其他机场则充当了"辐条"，沦为支线机场，无法再像以前那样将乘客与世界主要城市直接联系起来。

这样一来，冠军联赛效应也影响到了城市：名额被分配，进而壁垒产生，而新来的和后进的则无法达到顶级水平。

富于批判精神的读者无疑会提出一种观点：这种趋势也有许多好处。大城市、巨型港口和巨无霸机场难道不是更有效率吗？超大号的船只和飞机难道不是能够提高效率的机器吗？这当然是正确的，但其中的缺点和长期影响也不应该被忽视。这些庞然大物们所刺激的是一种特定的模式，然而原则上应该还有其他模式的存在。

---

① 位于荷兰阿姆斯特丹。——编者注

第三章
冠军联赛效应

这正是我想通过这本书申明的：如果我们能够对发展路线有所调整，那么其他的经济模式也可以得到刺激。根据某些标准来看，它们在短期内可能效率较低，但如果你把眼光放长远一些的话，你会发现这些经济模式的可持续性其实更强，而效率也会变高。

建筑物就是关于巨人主义的一个很好的例子。无论是大国政府的建筑群（例如欧盟、欧洲中央银行、五角大楼等）还是大公司的总部，它们向外界展示的都是那些它们在内部非常在意的东西，即权力、声望、距离感……每家各有不同。

最近，我得以参观苹果公司的新总部建筑，并与他们的副首席财务官进行了会谈。苹果总部被昵称为"宇宙飞船"，其周长为1.6千米，直径为500米，有4层楼高。它是建筑工程的瑰宝，而且超级高效，尤其是在能源方面。由于屋顶上安装的是太阳能电池板，所以它只需要30%的额外能源来满足其用电需求。与此同时，它也是如此完美、如此干净、如此洁白，给人以冷冰冰的感觉。想到脚上被大楼周围的道路弄脏的鞋子，你甚至不敢走进去。玻璃一尘不染，大楼里的其他东西比如椅子、咖啡角，还有会议室也都是这样。这艘飞船似乎并不是为人类而建造的，倒像是为苹果机器人而建造的。这座建筑令人印象深刻，就像罗马梵蒂冈城的圣伯多禄大殿令人印象深刻一样：它与人没有什么关系，反而与建造它的组织在当时的地位有很大的关系。这艘宇宙飞船彰显着苹果公司的实力：在当时，这家公司在资产负债表上有2500亿美元的现金，对它来说，支付估价40亿至50亿美元的建造成本简直是易如反掌。我想知道的是，50年后这座综合大楼的主人会是谁呢？毕竟科技公司往往并不会永生。即使是像国际商业机器公司（IBM）这样的前科技巨头，在几十年后也很难保住自己的地位。苹果公司的总部是世界上最庞大的公司建筑之一。如果说在短期内它的声望或者巨无霸地位被谁超越的话，你可以把赌注压在谷歌、亚马逊、阿里巴巴或腾讯身上。

我无法想象位于阿拉伯联合酋长国最大的城市迪拜的、高达828米的哈利法塔是以"让我们为这里的人民打造一个美好的建筑"为理念而建造的。这座摩天大楼之所以在那里拔地而起，主要是为了显示阿拉伯联合酋长国的实力和威望，同时这也是一种向其他曾经拥有世界上最高建筑的国家和地区（比如中国台湾、马来西亚和美国）的声明。这种项目绝不是以人为本的，它们的核心在于彰显一个国家或一个组织的力量。**巨人主义服务的对象不是人，而是权力。**

啤酒很大牌，味道却不怎么样

在比利时人十分熟悉的啤酒行业里，这种做大的趋势也可以得到很好的说明。酿造啤酒的传统不仅体现在他们的文化中，甚至也植根于宗教中。啤酒的生产已有数千年的历史，但罗马人更喜欢葡萄酒，而那些所谓的未开化的民族则在啤酒酿造上有所专攻。

早在公元 98 年的时候，罗马的执政官、历史学家、作家和演说家塔西陀就描述了在他眼中的那些"懒惰"的日耳曼人所酿造的一种基于大麦和黑麦的酒精饮料。"他们喝啤酒也喝得'太多'了"，他如是评论道。后来僧侣们改进了工艺，还加入了啤酒花，从而改善了啤酒的口感和保质期。

因此，啤酒酿造在比利时被不断改进和传播，已有数个世纪之久了。每个村镇都有自己的酿酒厂，有的还不止一家。修道院在制作芝士和啤酒的时候，对我们今天所说的研发和创新也十分关注，例如他们创造出了不同的口味、硬度和包装等。

从 20 世纪开始，比利时的一些啤酒厂开始在这个生物群落中寻求"对一个分散的行业进行整合"。在当时，还是一个非常小的本地酿酒商皮德博夫（Piedboeuf）公司购买了一系列的酿酒作坊，并将它们整合为一个集团。而与此同时，阿图瓦啤酒公司也做了同样的事情，在其麾下聚集了诸如时代、福佳和维勒曼斯这样的品牌。1988 年，这两家公司合并组建了英博啤酒集团，并由此成为比利时的大啤酒集团之一。

但这一进程并没有在此止步。2004 年，英博与巴西的安贝夫公司合并，在做大的路上又迈出了巨大的一步。下降的利率，再加上对集团的一系列优化改革行动，使它们能够在 2008 年收购美国巨头安海斯－布希公司。在债务负担有所减轻、利率再次跳水的情况下，比利时人又得以于 2015 年向原来的南非米勒公司抛出了收购的橄榄枝（见图 3-2）。**这样一来，**

今天的百威英博集团就掌握了全球啤酒市场 30% 的份额。

图 3-2　一个啤酒巨人的产生

来源：作者本人的调查。

百威英博及其股东们开疆扩土，组建了一个神奇的帝国。它们既遵守了规则，也抓住了机会。从任何意义上讲，它们都是宏观条件促进巨人主义的一个例子：下降的利率、大公司和小公司所适用的不同的税率、全球化，等等。无论对大股东还是小股东而言，这都是商业和财务上的成功。但故事并没有就此结束。

更广泛的后果虽然并不太为人所知，但其影响也是同样深远的。近几十年来，许多地方的啤酒品牌以及特殊的口味和品种已经消失了，而随之消失的还有支撑着这些地方品牌的传统和本地啤酒厂。过去的人们喜欢喝 Jack-Op 啤酒[①]，但他们现在却只能用尤皮勒或时代啤酒来润喉咙。许多手工啤酒更是销声匿迹，市场被大牌啤酒所占领。还有的时候本地啤酒的生产线会被搬迁到其他地方，而个中过程并不总是一帆风顺的。

2005 年，当英博啤酒集团试图将白啤酒品牌福佳的生产线从同名的小镇[②]迁移到列日时，就遭遇了困难。最后，导致该计划触礁的并不是抗议活动，而是啤酒味道和颜色的改变。2007 年，福佳的生产线又回到了哈赫兰。

这些村镇失去的不仅仅是它们的酿酒作坊、特别的啤酒、珍藏的大麦酒，还有那些供大家在每次节日、每次葬礼、每日的辛苦工作之后进行交流聚会的本地酒馆。从前的人们在风景如画、各具特色的乡村酒馆里享受本地佳酿，现在的我们越来越多地在连锁餐厅或酒馆里喝着完全一样的工业啤酒。这些酒馆全都已经依赖大型啤酒商来供货，它们有着同样的内部装饰，同样的招牌，卖的也都是同样的啤酒和饮料。

许多本地啤酒因为啤酒市场上的巨人主义而消失了。虽然饮用品牌比利时啤酒时代和莱福的人遍及全世界，但不幸的是，比利时的啤酒文化本身却已经被大大削弱了。

[①] Jack-Op 啤酒厂是比利时的一家地方啤酒厂。该啤酒厂于 1869 年创立，一直活跃到 1967 年，然后被阿图瓦啤酒公司收购，而后者又于 1988 年成为英博的一部分。Jack-Op 啤酒在比利时鲁汶地区尤其受欢迎。——译者注

[②] 福佳啤酒厂位于比利时的哈赫兰地区。——译者注

这种通过收购来消除潜在竞争对手的方法有一个专有名称：杀手式收购。[19]企业去收购那些有创新性的猎物，以阻止它们开发那些在未来可能会成为竞争对手的项目。在前面冠军联赛的故事中，也出现了这种购买有前途的足球运动员的情节，你想起来了吧？

在企业层面，研究人员寻找并发现了一系列关于杀手式收购的证据：他们分析了由不同规模的企业所开发的35 000个医药产品项目。如果被收购的制药公司的产品与收购方的产品组合有所重叠的话，那么它们得到开发的可能性就比较小。如果买方在该领域有很强的市场地位，情况就更是如此。研究人员的结论认为，所有收购项目中的6.4%（即超过2000个项目）是杀手式收购。然而，它们并没有被反垄断机构注意到，因为它们当时的规模还太小，达不到备案的要求，或者无法被发现。**我们之所以认为巨人主义会扼杀创新和导致定价过高，这就是原因之一。**

▎主流的味道，也成了你的口味 ▎

在食品行业，能决定使用哪些原材料、哪些产品会被摆上货架、哪些又最终会出现在你的餐盘中的，还是少数几家大企业。首先，孟山都公司（在此期间已成为拜耳公司的一部分）占据了美国谷物市场85%以及大豆市场91%的份额。这对农业显然是有影响的,甚至可以说将美国的小农户挤出了市场。

当我们将视线转向加工食品的时候,其他大型市场参与者的身影又出现了。这其中包括十家食品巨头,分别是英国联合食品公司、可口可乐、达能、通用磨坊、家乐氏、玛氏、亿滋国际、雀巢、百事公司和联合利华。它们麾下持有的品牌往往比巨头本身的名字更具知名度,大多数消费者可能都不知道有些牌子是这些集团的一部分。**这十家大企业占据了快餐市场 47% 的份额。**

这种主导地位在某些细分市场中甚至更强大。市场上 58% 的(马铃薯)薯片都是由美国跨国企业百事公司旗下的乐事品牌所销售。百事旗下的另一品牌佳得乐则占据了美国运动饮料市场份额的 75%。美国公司玛氏控制了全球巧克力市场份额的 15%,但在中国它的份额是 40%,在印度市场甚至达到了 48%。

大型食品公司强烈地回应了消费者对安全的渴望:如果这个东西是大集团生产的,那么它就是好的。当你在国外想吃点什么、却又对当地人做的食物没什么信心的时候,那么快餐连锁店麦当劳显然是你的救命稻草。

倒也不是说这里面什么积极的论点都没有。比如,联合利华作为一家公司,拥有鼓舞人心的目标战略,希望为人们带来健康的食品。这都是很好的。但我们想说的是,一大批小型食品公司也想这样做,但它们却连超市的门都进不去。无论是从字面意义还是从象征意义而言,我们的口味都是由有限的几个食品巨头所决定的。

为了尽可能地方便我们，大公司正在寻找我们身上的最佳击球点[1]。这个词你也可以从字面上来理解：我们食品中的含糖量远远超过了对人体有益的阈值，因为比起其他东西，我们更容易吃甜食。我们的饮食习惯已经偏离了轨道，导致全球范围内肥胖症的流行，这紧接着又引发了其他健康问题，比如糖尿病。

如果你想要尝试特殊的味道，就必须把目光投向超市以外的地方，在当地市场、小商店，以及那些仍然在践行着小乐趣艺术的个人或餐馆中来一次发现之旅。我们的口味正在变得主流，选择正在萎缩，而一刀切现象则在全球范围内越来越成为常态。

零售业的沃尔玛化

美国的沃尔玛是世界上最大的连锁超市，也是世界上最大的公司之一。沃尔顿家族的每个成员都在美国最富有者的名单顶部。该公司拥有220万名员工，其中仅在美国就有150万人。沃尔玛有1万多家门店，占美国零售总额的25%。它的货架上有一半以上的产品来自中国。沃尔玛所有门店面积的总和大约是曼哈顿城的1.5倍。90%的美国人都生活在沃尔玛方

---

[1] Sweetspot 一词是指最佳击球点，即球拍或球杆上能发挥出最佳效应的击球位置。但从字面意思而言，就是所谓的"甜蜜点"。——译者注

圆 24 千米以内的地方。

这家连锁超市之所以能够扩张成如此巨大的规模,是三种要素相结合的结果:胆识、商业才能和我们在第二章中描述过的生长激素。在欧洲,沃尔玛相对比较不为人所知,但只要把沃尔玛替换成宜家或迪卡侬,情况也是一样的。也就是说,它们之间的相似之处仍然存在。

认为不应该在这些巨人前进的路上设置障碍的一个论据是,社会需要它们所带来的就业机会。每次欧洲一有工厂倒闭、出现大量工人失业的时候,大家就会为迪卡侬或宜家的进驻而感到高兴,"因为这将带来大量的工作岗位"。这种就业机会就是大店开张所带来的首轮效果。但如果我们能研究一下零售业巨人主义的长期后果的话,它将变得十分有意义。

纽约市长比尔·德·白思豪[①](Bill de Blasio)于 2012 年委托有关机构进行了一项关于零售集团沃尔玛对当地社区影响的研究。一份名为《沃尔玛的经济足迹》(*Walmart's Economic Footprint*)的报告因此诞生。纽约市希望能够在该报告的基础上对沃尔玛的新门店做出有依据的决定。

该报告最重要的结论是,纽约市每新开一家沃尔玛,它破坏的就业机会都比它创造出来的要多。许多独立商店的消失最终会导致税收负担的增加。市长的原话是:"过去的十年告诉

---

① 白思豪于 2014—2021 年间任纽约市市长,现在已经卸任。——译者注

我们,沃尔玛是这座城市(纽约)的特洛伊木马。"他所指的除了小商店的关张,还有低廉的人工,因为沃尔玛支付给员工的工资只比维持生计的水平略高一点。

由于将短期效应和长期效应并列在一起,关于沃尔玛的研究绝好地洞见了其中的冠军联赛效应。在短期内,廉价产品的到来确实会令就业和当地居民的购买力有不少的增长。而负面影响只有在几年以后才会开始全面地发挥作用。人们只有到了那个时候才会明白,工作岗位处于净流失状态,而新工作岗位的报酬却更低。这推动了经济水平的整体下行。

顺便提一下,沃尔玛对其员工收入很低,甚至只够勉强糊口的事实并不否认。一位发言人曾表示:"我们三分之二以上的员工不必养家,我们的工作就是为这些人而设的。"我不知道大家对这种言论会如何定性:是讽刺挖苦呢,还是麻木不仁呢?

而那些研究没能衡量的,是这样一个大型连锁店的到来将引发的更广泛的社会经济影响。整个物流过程会发生变化:本地采购将完全消失,为国际采购让路。消费者在绝大多数情况下将驾车出行。其他的本地商店吸引的顾客也会变少,因为没有人再在市中心买东西,大家都跑到位于城郊的大型购物中心去购物了。工作人员不像独立的店主对自家店面那样上心,他们与顾客之间的联系没有那么个人化,取而代之的是标准化的服务方式。顾客自助的程度变得越来越高:他们需要自己寻求建议,自己做出选择,自己扫描货物,自己在自动售货机上用银行卡付款,然后在停车场里自己将货物装进汽车。因此,原本的整套社区购物体验变成了一个相当标准的工业化购物程序，其中效率和利润率被摆在了首要位置。替代方案在一段时间后终将消失，而大超市又可以继续扩大其市场份额。**标准化取代了人与人之间的联系，导致社区解体、工资低得可怜，而且产品也不怎么样。**不，我显然不是经济沃尔玛化的粉丝。

虽然电子商务在一定程度上改变了这种零售形式，但也没有完全改变。互联网经济也显现出了同样的巨人主义特征，并且对消费者和就业产生了同样的后果。美国电子商务公司亚马逊或德国时装零售商 Zalando 集团提供的工作条件与沃尔玛没有什么区别，送货的卡车骑手不得不以刚够温饱水平的工资去运送堆积如山的包裹，而消费者则被来自世界四面八方的东西所淹没。这种零售形式会留下巨大的生态足迹①，对环境造成严重的破坏。如今，老牌零售巨头正受到来自更大的、年轻的、快速增长的新零售巨头的挤压。沉湎于自己几十年来坚不可摧的市场地位的它们，很容易在创新和快速变化面前变得不堪一击。

大药厂：疾病是一门大生意

全球医药市场的规模估值为 11 000 亿美元。北美洲、亚

---

① 生态足迹是指要维持一个人、地区、国家的生存所需要的地域面积，或者指能够容纳人类排放的废物、具有生物生产力的地域面积。——译者注

洲和西欧占据了该市场几乎 80% 的份额。单是 10 家最大的制药公司就占据了市场份额的 40%（见图 3-3），而前 15 名的份额总和则超过了一半。大型药厂们因此得以制定规则：在这个行业里，巨人主义也发挥了它强大的作用。

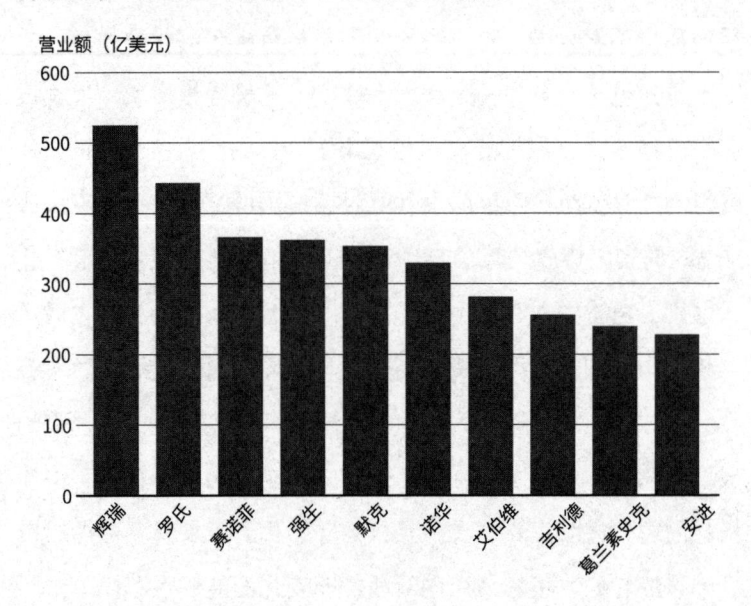

营业额（亿美元）

图 3-3 大药厂的营业额

来源：2018 年年度报告。

一方面，"做大"在这个产业中很有必要，因为只有这样才能有足够的资源进行研究和开发，并建立起全球性的销售网络；**另一方面，医药行业内的集中化运动一直非常严酷，这是一个大企业决定市场的产业。**对于这些大型市场参与者来说，政府是一个重要的因素，由于政府手中掌握着的药品审批及后续报销的权力，所以它可以决定许多的游戏规则。如此说来，大药厂为了影响政府而付出的种种巨大努力也就不足为奇了。根据独立研究机构响应性政治中心的数字，美国制药业为国会中的每一位议员都配备了大约两名说客。

通过各种并购，美国的辉瑞公司已然发展成为药品业的全球领跑者。辉瑞公司主要以万艾可（俗称伟哥）等产品而为人所知（必需的），但立普妥（一种降胆固醇药）和赞安诺（一种抗抑郁药）也是它旗下的明星药物。辉瑞公司的历史可以追溯到1849年，但它在千禧年以后的增长尤为强劲，接连将华纳-兰伯特、惠氏、法玛西亚和赫士睿等公司收至麾下。它是一个真正的巨人，一个由我们在第二章中所列出的巨人主义生长激素所催生出的巨人。

辉瑞公司能够以1%的利率进行欧元借款，这为它进行并购、股票回购或其他资本运作提供了巨大的杠杆。借款的成本对大制药集团来说几乎就是免费的。

我的本意绝不是要在这里批评辉瑞公司，毕竟在许多巨头身上都存在着同样的情况。比如说，苹果公司以0.9%的利率获得了十年期贷款，而微软公司则和辉瑞公司一样，以1%的利率借钱。**对于所有巨头来说，借款的成本几乎都是0。**

医药产业中的巨人主义无疑有它积极的一面：用来开发新药的研究资源更多，效率更高，让病人买到更便宜药品的机会增加，等等。但是，医药行业的演变与世界范围内的用药过度问题是同步进行的。对止痛药物、安眠药物、抗抑郁药物、抗焦虑药物、多动症治疗药物、降胆固醇药物，以及万艾可的使用大大增加，可以说简直到了药物成瘾的地步。**在健康问题上，化学药物的作用正在代替自然疗愈的过程。**许多人的身体已经完全失去了平衡，需要依赖药物来重新找回人为的平衡。

这就意味着长期消费：在美国，60%的抗抑郁药使用者持续服药的时间至少有两年，而14%的人服药时间甚至长达十年或者更久。全世界对抗抑郁药的使用均呈上升趋势（见图3-4）。例如，一个国家的"幸福感"与用药之间没有关联。发达国家用药有时很多，但在其他情况下消费却很少。与自杀之间也没有明确的关联。这些差异要复杂得多，与处方行为、治疗方法和其他许多事情有关。在美国有超过10%的人口服用抗抑郁药。美国是许多药物的主要消费国，比如止痛药：美国人口数量占世界总人口数量的4%，却消费了所有止痛药份额的30%以上。

虽然一口咬定大药厂就是药品过度消费的罪魁祸首有点夸大其词，但是大药厂们显然也并没有为长期用药的增长而感到遗憾。安眠药、止痛药、镇静剂和抗抑郁药都已经成为日常用品，你只需要跨过一个小小的门槛就能获得它们。此外，有些药物具有成瘾性或者会造引发耐药性，为了达到同样的效果，患者需要的剂量会越来越高。而在其他情况下，为了保持昼夜节律，还需要对药品进行组合。

我想说明的是，随着巨人主义的出现，我们正在进一步远离人性化的解决方案，而更多地倾向于工业化的补救措施。**要想结构性地解决抑郁症或肥胖症的问题，我们需要的并不是更**

第三章
冠军联赛效应

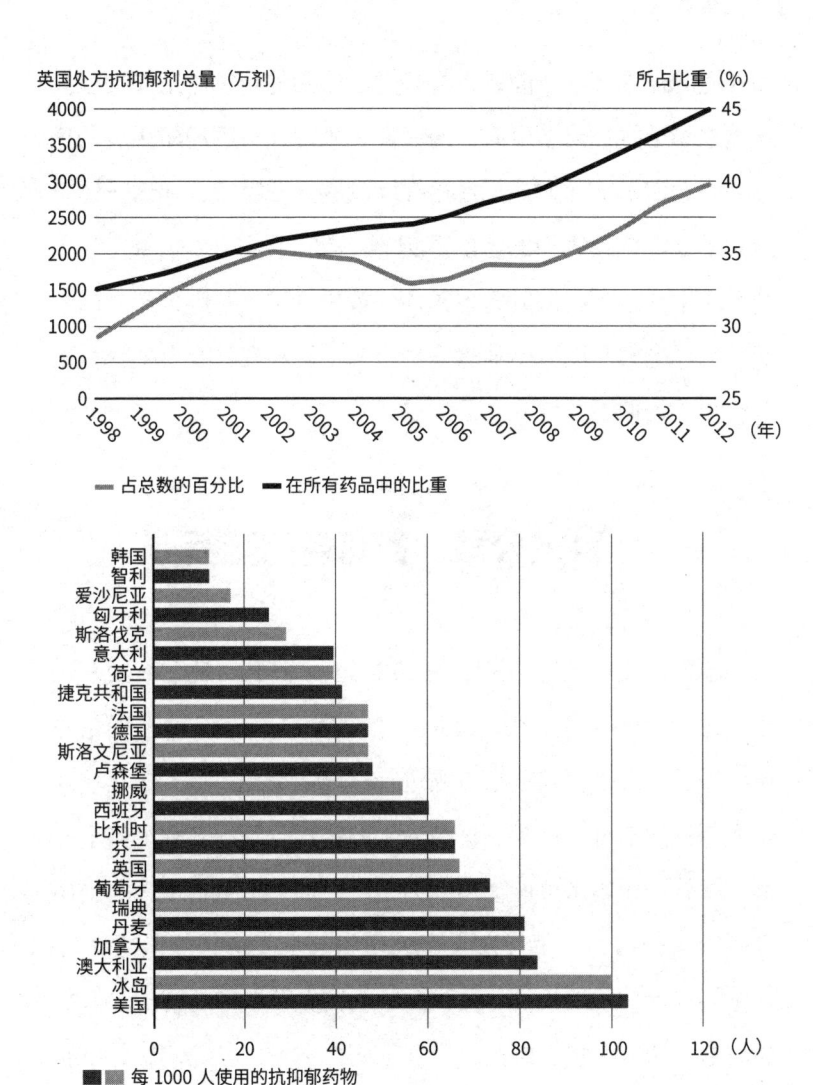

英国处方抗抑郁剂总量（万剂）   所占比重（%）

— 占总数的百分比   — 在所有药品中的比重

（韩国、智利、爱沙尼亚、匈牙利、斯洛伐克、意大利、荷兰、捷克共和国、法国、德国、斯洛文尼亚、卢森堡、挪威、西班牙、比利时、芬兰、英国、葡萄牙、瑞典、丹麦、加拿大、澳大利亚、冰岛、美国）

■ 每 1000 人使用的抗抑郁药物

图 3-4 抗抑郁药的使用

来源：英国健康基金会（1998—2012 年），经合组织和美国疾病控制与预防中心。

加先进的化学技术,而是人类与他们周围的自然、工作和社会环境之间更好的化学反应。对许多人来说,安眠药和止痛药正在成为他们抵抗压力或其他潜在问题的必要手段,而这一切只是为了能够继续每天的老鼠赛跑[①]。药物治疗可以短暂地起到刺激作用,但不应该成为永久性的解决方案。否则,药品的消费就会像电力和能源的消费一样:为了能够在社会上生存,民众必须要长期不断地为它们买单。

大科技公司:各有各的垄断

本书前文已经提到过,在20世纪90年代,比尔·盖茨和已故的保罗·艾伦(Paul Allen)的微软公司在经过了多轮法律程序后,最终仍被判定无须进行拆分。情况从那时候起就开始变得一发不可收拾了。这为后来的技术巨头们开创了一个先例。微软公司本来可能被拆分为三份,即一个负责个人电脑操作系统的公司;一个开发文字处理和电子表格软件包的公司;一个年轻但持续增长的、负责互联网浏览器业务的公司。假如当时这一切成为现实的话,情况会好得多。但是这一切并没有发生,而如今的技术巨头则高枕无忧地继续从事着同样的勾

[①] 老鼠赛跑一词比喻的是现代社会中人们为了权力和金钱进行的你死我活、永无休止的竞争。——译者注

当：它们手下集中了许多的经济活动，在竞争的早期阶段就已经并购了日后潜在的对手。

大型科技巨头们更愿意避免彼此间的直接对抗。这催生了大型的企业集团，在无数次的并购活动之后，它们在自己的"专门"市场中的主导地位变得越来越强大。微软、脸书、谷歌、亚马逊和苹果互相之间几乎不是竞争对手：这几家信息科技巨头们都建立了各自的帝国，虽然它们可能都带着"技术"的标签，但与其他巨头的帝国却几乎没有任何的共同点（见图3-5）。微软在企业办公环境市场中取得了舒适的地位，而亚马逊则专攻零售业；脸书是社交媒体业的主导者，而谷歌则越来越专注于人工智能等相关方面；至于苹果公司，它在消费产品领域内可谓游刃有余，除了微软的少数产品、谷歌的操作

图3-5 科技巨头的卫星公司们

来源：作者本人的研究结果。

系统和中国市场上的同类产品，几乎就没有经历过任何来自其他科技巨头的竞争。近乎垄断的局面就这样出现了，而阻挡潜在竞争者的进入壁垒变得好像和哈利法塔一样高。

结论

美国的老鹰乐队的著名歌曲《加州旅馆》(*Hotel California*)说的是一个你虽然可以随时退房，却永远无法离开的地方。而在"冠军联赛旅馆"里，你可以随时按响门铃，但却永远也无法进入。房间已经住满了，里面的客人待得越来越舒服，谁都不愿意主动离开，而旅馆经理早就变成了他们最要好的朋友。

无法进到旅馆里的人只能在寒风中挨冻，忍受着室外越来越难以忍受的低温。这个旅馆中数量有限的房间只向若干名收到邀请的客人开放，而邀请函则一年贵过一年，里面的条件看起来也一年好过一年。还有，在它的挤压下，附近的旅馆不得不进一步缩小自身的待客能力并削减服务。

冠军联赛为足球带来了更大的成功，但同时也使足球走向了工业化。欧洲顶级联赛甚至为巴塞罗那、阿森纳或利物浦这样的大型俱乐部培养出了游客球迷，却使那些一直支持着自己传统俱乐部的、真正的球迷沦为了在寒风中受冻的旅客。真正的支持者甚至被挤出了体育场，因为贵宾套餐带来的收入要比看台上的站位多得多。传统小俱乐部的死忠球迷无须再对球场上的竞技抱有希望，因为俱乐部的人才刚一露头就会立刻被买走。这些小球队不会再有大赞助商登门，因为大赞助商会把预算全部集中起来，并将这一大笔钱投入一个欧洲冠军联赛俱乐部身上。

今天，冠军联赛现象正在各个行业中出现：食品、啤酒、科技、咨询、金融衍生品、医药、汽车轮胎、信用评级，或者电影业。**冠军联赛现象事实上就是寡头垄断**，但人们并不总是能够看出这一点。这样的竞争当然有它自己的优势，比如一流的质量。但它也有缺点：真正具有突破性的创新发生得较少或者较慢，竞争当然也就减少了。此外，它的后果也可能会超出纯粹的经济范畴，正如我们上文中就食品、啤酒和药品行业做出的阐释那样。冠军联赛在提供更多的工业化产品和服务的同时，也牺牲了社区的内部联系和更多的与人相关的产品或服务。在最坏的情况下，这种现象将导致经济的非人性化。

第四章

巨人主义对人类的压迫

第四章
巨人主义对人类的压迫

在上一章中,我们用体育来举例子,说明了巨人主义是如何在各个行业遍地开花的,以及它所产生的经济后果:集中、缺乏竞争、建立进入壁垒和社会行为的改变。在这一章里,我们想就巨人主义对个人的影响来进行一番仔细观察。一些我们称为"富裕病"的重要趋势实际上与巨人主义有关,而不平等和犯罪也是如此。一些在前几章中提到过的重要例子将在本章中被重新审视,只是这次我们采用的是不同的角度。在这里,我们将把人类和巨头对立起来,以个人主义来制衡不平衡的资本主义。

沃尔玛化导致肥胖症

零售业可能是应对规模增长问题时间最长的行业。超市的崛起可以追溯到黄金般的20世纪60年代,距今已经有半个多世纪了。此后,科学家和经济学家对其后果进行了广泛的研究。

**在美国,1962年算是零售业巨人主义的起点:在那一年,第一批沃尔玛超市、塔吉特百货和凯马特超市开业了。这一现象的出现对当地社区产生了深远的影响。超级市场不再位于市中心，而是坐落在城郊。你不会步行到那里去，所以最好的选择是乘车。店长不再是几代人都被大家熟识的零售店家族成员，而是职业经理，且往往来自当地社区之外。超市不再小型，它们的规模变得十分庞大，有着占地宽广的商铺和停车场，可供选择的商品也十分丰富，而价格却普遍低廉了许多。

自 1962 年以来，美国的沃尔玛超市的数量已经从 1 家增加到了 4600 家。这期间其他的零售巨头[20]也各自拥有了一千多家门店，这还不算新增加的一大串大型连锁店[21]。后来另一个现象又涌现了，即**购物中心**。虽说其中不仅有大型商铺，也有小型精品店，但总而言之它的体量仍然是巨大的。

近年来，虽然这种形式的大型零售受到了来自电子商务的冲击，但它仍然占据着主导地位。举个例子：沃尔玛雇用了美国总劳动力的 1%，它是美国最大的进口商，每年进口 80 万个集装箱的货物，[22] 其中的 70% 至 80% 来自中国。[23]

这种超市和购物中心的大规模扩张显然对就业产生了重大影响。麻省理工学院 2008 年的一项研究[24]表明，超市已经消除了夫妻店（就是那种通常由家庭所有的小型独立企业）中一半的就业机会。其他研究则表明，在某地开设大型超级市场后的一年内，该地区平均会有 14 家已有的小型商店关门。

然而社会影响并不止步于此。肯塔基大学的查尔斯·古特芒什（Charles Courtemanche）教授[25]在 2011 年得出的结论认为，**大卖场的兴起和肥胖症的增加之间存在直接关系**。他

第四章
巨人主义对人类的压迫

发现,大卖场每增加一间,身体质量指数(即 BMI)就会增加 0.24 个单位,而肥胖度则会增加 2.3 个百分点。这看起来似乎微不足道,但事实却恰恰相反:这意味着仅仅是沃尔玛的扩张就能够解释自 20 世纪 80 年代末以来的肥胖症人口增长的 10.5%。你可能会将沃尔玛商品价格的下降认定成为一种积极的影响,但这其实并不足以抵偿健康支出的增加。这意味着,当你只盯着沃尔玛化本身的时候,你关注到的只有较低的成本。**而你一旦放宽眼界,就能看到沃尔玛化也导致了福利的降低。**

虽然现在我们对零售业巨人主义所产生的这些重要的社会后果已经有了充分的记录,但它们仍然鲜为人知。在美国,随着社区内本地商铺的消失,**犯罪率也急剧攀升**。[①][26] 只要与还没有沃尔玛进驻的地方比较一下,这一点就可以很容易地得到验证。此外,在拥有沃尔玛超市的地区,就业率和税收也都出现了下降。

鉴于此,政治领袖们对于开设类似沃尔玛或者(在我们这

[①] 南卡罗来纳大学的犯罪学助理教授斯科特·沃尔夫(Scott Wolfe)对沃尔玛进驻的县进行了研究,并将它们与那些没有被进驻的县进行了比较。在那些沃尔玛于 20 世纪 90 年代进驻的县中,犯罪率的下降停止了。该研究考察了 1991 年至 2009 年间 3109 个县的年度犯罪率。沃尔夫之所以特别关注 90 年代,是因为当时全国的犯罪率急剧下降,而沃尔玛的扩张则非常迅猛。他的研究证明,在沃尔玛进驻的县中犯罪率下降的速度放缓,而且这一趋势在 2000 年后仍在继续。科学家们根据贫困、失业、移民、人口结构和住宅变化等因素对这些县进行了调整,以便能够从中分离出沃尔玛的影响。

115

里的）宜家和迪卡侬这样的大型购物中心仍然抱有非常积极的态度，就十分引人侧目了。请注意，我并不是说每一家迪卡侬或宜家都不好，也不是说它们一点积极影响也没有。比如，你完全可以主张迪卡侬降低了大众锻炼的门槛。然而问题是，对于这种巨头的到来所产生的负面影响，我们是否已经给予了足够的考虑。如果是这样的话，我们就会发现，每次在这些大型零售公司提出某个投资计划时，政府就会相应地推行有力措施或者直接对其给予补贴，这种行为其实并不正常。想一想那些几乎不花钱就能买到的场地，或者国家十分乐意为它们而修建的道路吧。大型购物中心甚至作为一项就业战略被推销给公众舆论，但与此同时却没有一项可以支持——至少是没有将所有方面都加以考虑并考察长期结果后仍然支持（见前一章）——这些论点的经济研究。

同样的，我也没有说过大零售就完全没有好处。很明显，大超市极大地扩大了消费者的选择，而顾客们却只需要支付更低的价格。不仅如此，它们还创造出了小型个体商店中不需要的管理职能。**但是这些优势并不能充分地平衡社会经济劣势，而后者通常在较长时间后才会显现出来。小型商铺的衰落是渐进式的，与工厂的关闭或大型连锁店的破产相比，几乎没人会注意到它们的发生。**

更加疯狂的是，每次一有哪家大工厂关门，政客们就会挥舞着补贴，以此吸引大型连锁店来此地入驻；又或者当哪个购物中心开业时，政客们亦会不吝溢美之词，将其标榜为"新的就业项目"。这么做的坏处并不仅仅是适得其反,那种认为零售行业的工作机会会对其他(供应)行业中就业机会的创造产生同样的杠杆效果的看法本身也是错误的。制造业(工业、软件业等)的杠杆效应比零售业、物流业和分销业的杠杆效应大很多倍。**一旦制造类行业消失,一个国家就会变得贫穷;当创造为消费让路时,一国的人民就会变得贫穷。**

中产阶级的消失

在百货业,你可以看到工作机会和巨人主义之间存在着明显的联系。这一点扩展到另外的一些行业中也是适用的,比如餐饮业和其他地方性经济活动。然而,要百分之百确定地建立其他因果关系则要困难得多。例如,关于自动化生产对就业的影响的辩论已经持续了一段时间,有人提出,自动化并没有减少工作的数量。但是,一个很少被回答甚至研究的问题是,对那些不得不接受破坏性创新的人来说,自动化所造成的社会影响是什么?经济学家们回答得很快:自动化使"愚蠢的工作"消失,然后便可以创造出"更有趣的工作"。

这种可能性是很高的,但它也部分地避开了问题的核心:工作不仅具有经济功能,也具有社会功能。小商铺可能"从经济上来讲没有什么价值",但它们却实实在在地发挥着社会功能。从本地的店主那里购买水果和蔬菜的感觉之所以会完全不同，是因为人与人之间需要接触：这种接触不仅发生在你与那位进行售卖的男士或女士之间，也发生在你与其他顾客之间。社会结构是通过接触和相遇建立的，而且你也将从中学会更好地去理解对方。大型商铺对这些互动不太感兴趣，它们关注的主要是交易本身。

不幸的是，经济学和社会学之间的重叠并不是一个受欢迎的研究领域。两者都不是精确的科学，而这也正是它们有时会出现相互矛盾的意见或研究结果的原因。

我在此处提出的分析，部分是基于统计数据和坚实的研究，但也有部分是来自个人的解释。虽然巨人主义在经济学上可以得到相当充分的证实，但它却从未成为社会学上的一个研究领域。然而，在思考那些我们当下正在关注的种种重要社会现象——例如不平等，社会流动性，富裕病（过劳、抑郁、肥胖等），创业精神，多样性——的时候，人们必须把巨人主义考虑进来。

另一个重要的社会现象是工作的两极化和中产阶级的压力——有些人甚至使用了"中产阶级的消失"这样的提法。

马尔滕·霍斯（Maarten Goos）、阿兰·曼宁（Alan Manning）和安娜·萨洛蒙斯（Anna Salomons）的研究[27]证明，欧洲的劳动力市场正走向两极化。这就是说，一方面，低薪工作的数量在增加；而另一方面，非常高薪的工作数量却也呈现爆炸式的增长。其结果就是中产阶级在所有国家都将走向消失（见图4-1）。

第四章
巨人主义对人类的压迫

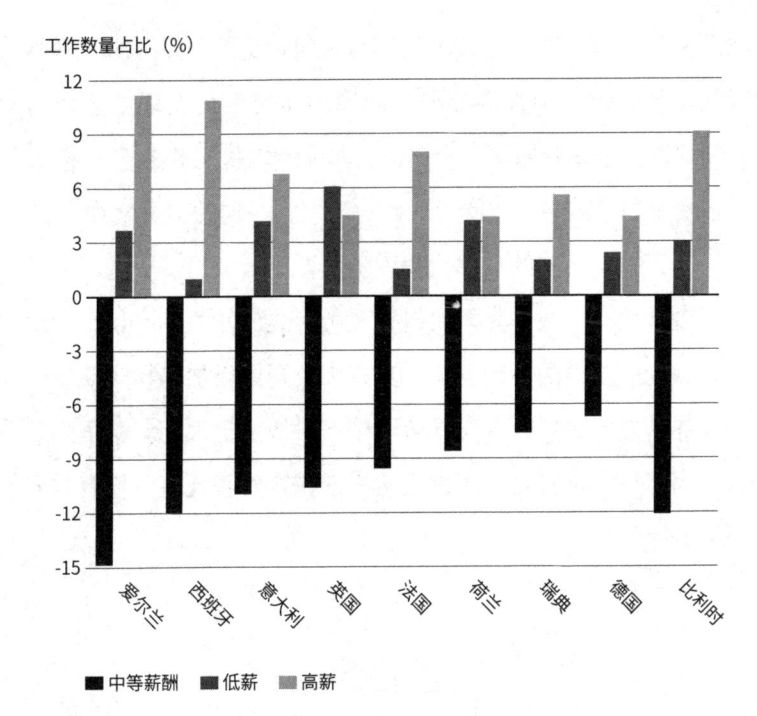

工作数量占比（%）

[图表：1993至2010年间欧洲各国高薪、低薪和中等薪酬工作变化的柱状图，国家依次为爱尔兰、西班牙、意大利、英国、法国、荷兰、瑞典、德国、比利时；图例为中等薪酬、低薪、高薪]

图 4-1 1993 至 2010 年间欧洲高薪、低薪和中等薪酬工作的演变

来源：霍斯、曼宁和萨洛蒙斯于 2013 年的研究。

乐观主义者会宣称，中产阶级的日子从来没有这么好过，而且他们还会越来越富有。然而劳动力市场两极化的情况在几乎所有的欧洲国家都有所表现。要求高资历的工作比要求低资历的工作报酬更高。收入丰厚的中产阶级正面临压力，受过最好教育的人越来越多地成为"人才争夺战"中的主角，从而获得最高的收入。

美国人对中产阶级也同样抱有忧虑的态度。毕竟，由于税收系统以及缺乏在欧洲常见的转移支付措施①，美国的不平等问题更加尖锐。调查两极分化问题的研究人员发现了造成这一现象的三个重要原因：全球化、非本地化和技术变革。其中，技术变革通常被纳入"常规工作的消亡"一词的语义之中。

今天，小公司的自动化程度仍然低于大公司。毕竟，要想实现自动化，往往首先需要进行某种形式的任务标准化，而由于自身业务规模的原因，这一点在大公司中更加容易实现。

那么是不是巨人主义导致了中产阶级的消失呢？这个问题我们当然可以进行讨论，但至少看起来这两种现象是拥有共同原因的。

富裕病

如上文所述，研究人员已经证明了沃尔玛化和肥胖症之间存在联系。而其他近年来呈不断上升趋势的富裕病，比如抑郁症和过劳，从社会意义上来讲也同样具有高相关性。近几十年来，过劳者的数量急剧上升，与此同时，巨人主义也在迅猛发展，在我看来这并不是巧合。其中**尤其值得注意的是大型科技**

---

① 在经济学上，转移支付是通过政府的无偿支出而实现社会收入和财富再分配的一种手段。转移支付的过程中既不涉及消耗生产要素，也不会增加社会产出。生活中常见的社会福利、社会保障以及政府对特定企业的补贴等都属于转移支付的一种体现。——译者注

第四章
巨人主义对人类的压迫

公司的过劳率。这项发布于 2018 年的综合调查在硅谷内掀起了一场风暴。在大型科技行业高强度的压力下,有 50% 至近 70% 的员工表示自己出现了职业过劳症状(见图 4–2)。

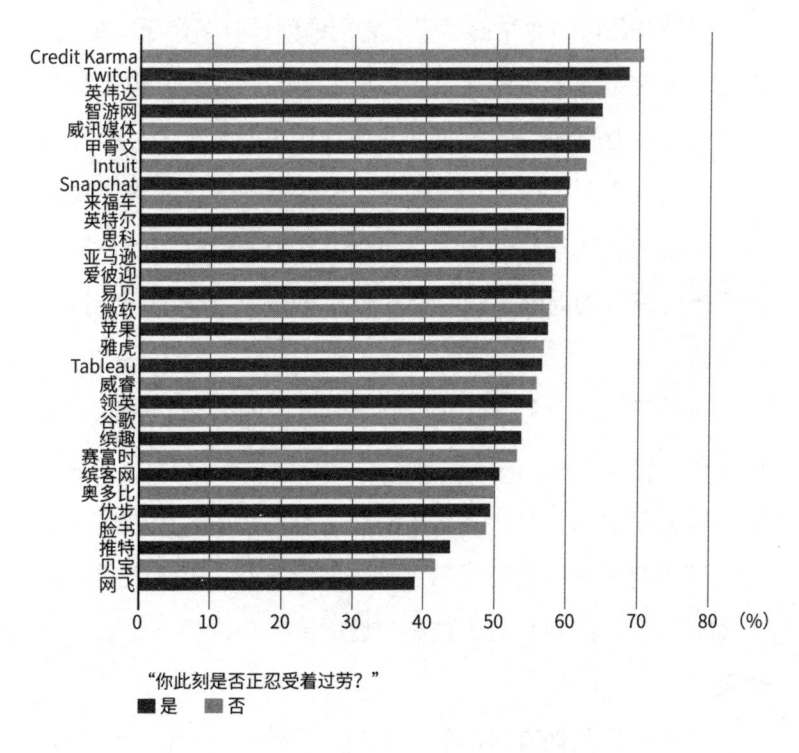

图 4-2 科技公司的过劳率

来源：Blind（匿名职场社交平台 App）。

苹果：过劳率为 57%。微软：57%。亚马逊：59%。谷歌：54%。脸书：49%……对一个被奉为 21 世纪人类榜样的行业来说，这些数字十分令人不安。

这本身就应该足以让读者们相信，这种商业模式里的某些地方从根本上就有问题。

即便整个（美国）经济调查所统计的过劳率并不到50%，但大型科技公司的数字都表明了它们的问题有多严重。那么，我们能不能把这个结论推而广之地适用在所有的大企业身上呢？大型企业集团中的职业过劳现象真的就明显多过小公司吗？遗憾的是，我找不到任何可以为整个美国经济或者欧洲经济确凿地证明这一点的大规模研究数据。**话虽如此，但还是有一些有趣的局部研究数据表明，"规模"会影响职业过劳的数量。**

在美国，一项关于医疗行业职业过劳的研究[28]显示，在医院和大型诊所工作的医生的过劳率几乎达到了55%。而这一数字在五年前还只是45%。医院和大型诊所的医生群体55%的过劳率与大型科技公司的过劳率相当。然而这个数字却尤其刺痛人心，因为其他有健康问题的人需要的恰恰是医生的帮助。

然而在那些拥有自己的诊所的，或者在小型医疗组织工作的医生群体中，这一比率则下降为13%。研究人员还证实，这种小规模的医生诊所具有**独立性和自主性**，尤其可以对职业过劳的症状提供保护作用。

这一点非常重要，而且在我看来，它在许多行业中都适用，甚至能够扩展到整个经济领域。职业过劳是一个复杂的问题，但它在很大程度上与我们组织经济的方式有关系。在我看来，巨人主义对于这种疾病的兴起发挥了非常重要的作用。组织的过度扩张让这些公司和机构变得非人性化，它们失去了与人的联系，以调遣机器的方式来使用人类的潜能：每人各司其职、表现被量化、一切理性至上，至于情感或个人联系则越少越好，因为这些"会妨碍专业性"。

诚然，你不能把所有的大型组织都混为一谈。不过我还是相信，在规模非常大的组织中，人们所面临的过劳风险会更大。从逻辑上而言，员工之间的联系在小公司或小型企业结构中要密切得多。员工希望感到自己受重视，他们希望与工作之间能够建立起个人化的联系，他们希望被倾听，他们希望被当作一个人而不仅仅是一个雇员来对待。只要你承认以上说法，就能够发现组织的规模和职业过劳的数量之间确实存在联系。**如果造成职业过劳的原因是工作的非人性化以及对公司的责任和职能的非个人化，那么在巨人主义和职业过劳之间就存在着联系。**

希望这方面的研究工作能有所加强吧。过劳人群的数量与的巨人主义的日益增长相呼应，依然以惊人的速度增加着。这个事实本身就应该为我们敲响警钟，并且应该提醒我们未雨绸缪，早做打算。

▍政府变大了，共情力却变小了▍

政府总是在就近原则（权力下放）和高效原则（权力集

中）的选择中挣扎。而随着公路网的改善和交通可能性的增加，政府开始向更加集中化的方向发展，而这种做法拉大了它们与公民之间的差距。

无论我们谈论的是政府管理部门、医院还是学校，同样的道理都是适用的：组织越大，共情的空间就越小。但这还没有结束，有证据表明，美国的大型学校中的攻击性行为要明显多于小型学校（见图4-3、图4-4）。而随着学校规模的扩大，这一问题也随之增加。[29]

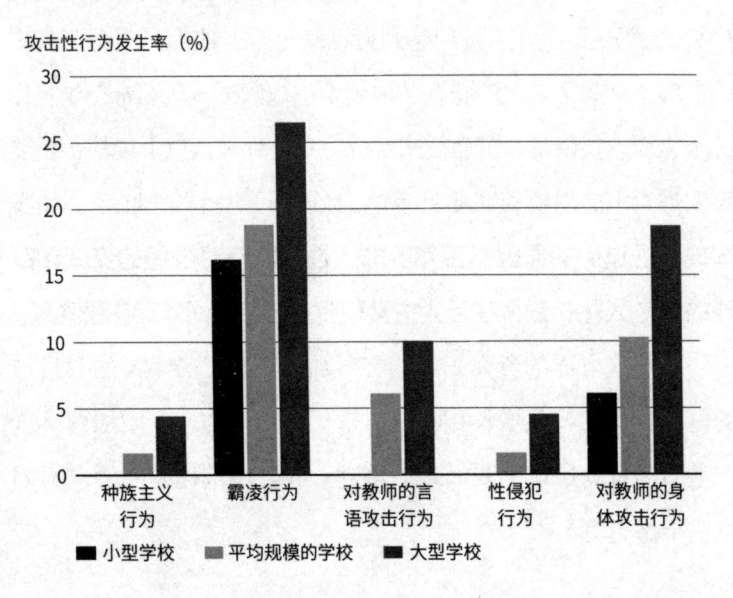

图4-3 美国不同规模学校的攻击性行为发生率

来源：美国教育部《2017年教育统计摘要》。

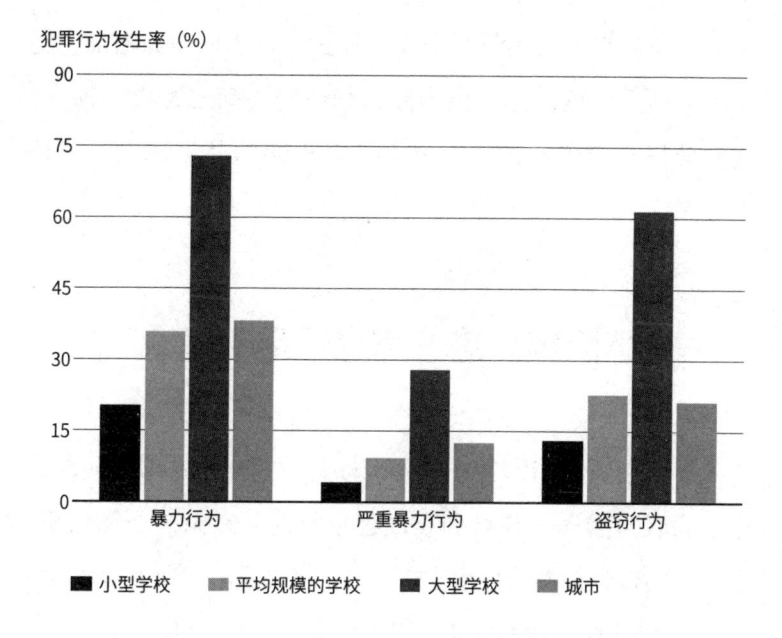

图 4-4 美国学校规模与犯罪行为发生率

来源：美国教育部《2017 年教育统计摘要》。

在巨型学校里，呈现爆炸式增长的不仅仅是犯罪行为，霸凌行为的发生也比小型学校更加频繁。霸凌是青少年群体中的主要问题之一，也可能是导致青少年抑郁和自杀的关键原因之一。[30] 如果学校的规模和霸凌行为之间确实存在着显著关系，这就意味着在大型学校里上学的孩子的自杀风险会有所增加。

大型学校从经济上说更有效率，但其中也的确存在隐性成本。这个结论以及这种联系是很难从一个经济学家的嘴里听到的。因此我的请求是，面对政府想要对所有服务进行扩张的冲动，我们应当三思而后行，同时还应当考虑到非经济性的后果,这些后果指的不仅是犯罪、骚扰、自杀风险的增加,还有集中化导致的疏远,因为公民和政府之间的距离增加了。这种公民与政府间的疏远将会带来长期的民主风险:民粹主义。

小而美:这一点也适用于国家

我调查了不同国家一系列指标的质量水平:即它们的战略、表现、居民幸福度和财政稳定状况。在每一个领域里,小国①的得分都系统性地高于大国。尤其是在"居民幸福度"方面,小国的得分之高非常引人注目。换句话说,我个人认为一个国家的规模对其中的人口的幸福感并没有积极影响。在效率方面,我个人也认为小国的得分要比大国高。

当然了,关于这项研究需要注意的一点是小国比大国多。但是,只要我们将所有的因素一一罗列出来就会发现,小国的得分高于大国肯定是有原因的:社会协调性、相对于大型实体的独立性以及参与感。当我们在大型企业和小型企业之间做比较时,这些因素也曾经出现过。

人们想要一个平易近人的政府,想要把孩子送到一所不是

---

① 对小国的定义总归难免武断。这个定义结合了居民人数和国土面积。一个居民少于 2000 万的国家即被认为是"小国"。

只把他们当成一个学号的学校里,如果要找政府部门办事的话,他们想要去的也是一个离自己很近的、对自己有所了解并让自己能够参与决策过程的政府部门。**人的地位的重要性不言而喻,这不仅是为了让经济能够良好运行,也是为了让这个社会能够在纯粹的经济指标之外也能取得好的成绩。**

挪威、新加坡、瑞士、荷兰、丹麦和韩国在这些指标上得分如此之高并非巧合,而是也基于同样的理由:相较于大学校和大医院,人们更加喜欢小学校和小医院,除非他们因为并发症或需要专科服务等原因而不得不去造访前者。

巨型城市对个人的压迫

城镇已经存在很长时间了,大城市也是如此。雅典城在其高峰时期据说有 50 万居民。而亚历山大港在其高峰时期也有大约 30 万人。罗马则是第一个拥有超过 100 万居民的城市,其中一半是奴隶。

它们在当时是大城市,但在今天,我们还不如将其称作省级城市比较合适些。在很长一段时间里,巴黎、伦敦、纽约、东京和北京是所谓的大城市的样板。但即使是它们,如今在人口规模上也不得不纡尊降贵,与许多其他的城市等量齐观。

仅仅在中国,居民超过 100 万的城市就有 100 多个。特大城市一词被定义为居民超过 1000 万的城市,而今天全世界大约有 50 个这样的城市。东京、上海①和雅加达位列前三，每个城市的居民人数都超过了 3000 万。纽约市尚排在前 10 名，而巴黎的位置甚至沦落到了 30 名开外。这份特大城市的名单中可能包括几个你从未听说过的城市，假若给你一张没有标注的世界地图，你甚至都无法在方圆 500 千米的范围内将它们正确地定位出来。

"人口 3000 万以上"现在成了常态。然而到 21 世纪末的时候，所有这些巨人城市也将成为"侏儒"。至少，预测结果是这么说的。其预测的 2100 年排名前 20 位的大城市，今天的读者对于它们中的大多数几乎都没有印象，即使是现代化的环球旅行者也很少去过这些城市。这些未来大都市中的大多数也将不再位于美国、欧洲甚至亚洲，而是在非洲（见表 4-1）。

也就是说，拉各斯、金沙萨、达累斯萨拉姆和孟买将成为未来的巨型城市。但不仅是它们，到 21 世纪末时，巨型城市将成为一种全球性的现象。许多前卫的专家们认为城市化是解决气候挑战的一个办法。对于相同数量的居民来说，一个城市所产生的足迹显然比"城市蔓延"要小。所谓的城市蔓延指的是一种趋势，即人们从中心城区搬到人口密度较低的地区，并由此为他们的花园和各种设施争取大量的空间。

但是在我看来，问题主要在于人太多了，我们需要更好地

---

① 据 2022 年统计获知，上海人口 2475 万，重庆人口 3213 万。——编者注

表4-1 2100年世界上最大的20个城市（预测）

排名	城市	国家	2100年的人口数（单位：百万）
1	拉各斯	尼日利亚	88.3
2	金沙萨	刚果民主共和国	83.5
3	达累斯萨拉姆	坦桑尼亚	73.7
4	孟买	印度	67.2
5	德里	印度	57.3
6	喀土穆	苏丹	56.6
7	尼亚美	尼日尔	56.1
8	达卡	孟加拉国	54.3
9	加尔各答	印度	52.4
10	喀布尔	阿富汗	50.3
11	卡拉奇	巴基斯坦	49.1
12	内罗毕	肯尼亚	46.7
13	利隆圭	马拉维	41.4
14	布兰太尔	马拉维	40.9
15	开罗	埃及	40.5
16	坎帕拉	乌干达	40.1
17	马尼拉	菲律宾	40.0
18	卢萨卡	赞比亚	37.7
19	摩加迪沙	索马里	36.4
20	亚的斯亚贝巴	埃塞俄比亚	35.8

来源：全球城市研究所，2014年。

控制我们的人口结构。谈论人口结构是一个禁忌的话题，但谈论巨型城市却不是，这是一种时尚。据说届时城市的效率将变得很高，你还可以通过自动驾驶火车、自动驾驶地铁、自动驾驶巴士、自动驾驶汽车将它们完全自动化。是的，这些巨型城市就是中央规划者的梦想。

然而还是那个大问题：在这样的城市中，人是否快乐呢？这个问题不可谓不重要，因为归根结底，城市不仅应该具有经济效益，还应该让生活在其中的人们感到幸福。关于幸福和城市规模的研究很少，正如本书已经多次提到的那样，许多重要的社会问题只在经济层面上得到了研究，却很少从社会经济的双重角度去进行考量。

城市为生活在其中的居民提供了许多优势。它们很方便，因为你能享受到多种多样的服务和消费可能；工作的地点在步行范围内，而这也许会使昂贵的汽车变得不再必要；对于那些寻求社会接触的人来说，城市里有数不清的机会，你在这里能找到各种各样的文化和多样性……

然而，城市却通常不会成为如此伟大的幸福提供者，尤其是当城市密度增加的时候。研究表明，城市居民罹患严重心理疾病的风险要高于郊区居民［格吕博纳（Gruebner），2017］。这种情况不仅见于新兴国家，在西方国家也是如此。例如，瑞典的一项涉及400多万居民的综合研究［松奎斯特（Sundquist），2004］得出的结论认为，城市居民精神疾病的发病率明显更高（城市中精神分裂症的发病率甚至比非城市地区高70%）。抑郁症的风险也被证实更高。而这一切数据都是在一个通常于幸福感指数上得分最高的国家中发

第四章
巨人主义对人类的压迫

现的。

科学杂志《自然》（Nature）上的一项研究［艾伯特（Abbott），2012］也计算了城市里的精神压力问题。它得出的结论是，在城市环境中居民有双倍罹患精神分裂症的风险。[1]

城市中绿色空间的缺乏也被证实可以与精神问题关联起来。荷兰的一项研究［德·弗里斯（De Vries），2003］表明，与那些在社区中拥有90%绿地的人群相比，抑郁症和焦虑性精神错乱的人数在绿地面积仅为10%的社区中明显更高。

特大型城市和巨型城市对儿童的影响目前尚不清楚。但很显然，对儿童如何能在身体和精神上充分发展进行思考是十分必要的。在城市中，运动和玩耍的机会是有限的，而这会阻碍孩子们发育。在一个创造力对未来的工作至关重要的社会中，你可以扪心自问，现在的城市环境真的是新一代创意人士的理想世界吗？有鉴于此，澳大利亚的一项研究［兰道夫（Randolph），2006］会得出在公寓里养育幼儿将导致他们缺乏运动的结论，就一点儿也不奇怪了。

城市生活除了对儿童创造性的发展所产生的影响，儿童罹患肥胖症以及与之相关疾病的风险也顺理成章地增加了。英国

---

[1] 在规划城市时，城市学家试图将这一点纳入考虑之中。例如，东京已经尝试将社会各阶层混合在邻近的地区。在一个街区混合不同的服务也是有益的。最后，汽车是城市中潜在的压力来源，而与此有关的见解也在不断变化之中。——译者注

的一项研究［伊凡斯（Evans），2002］表明，住在城市中心公寓楼里的孩子中，93%有行为问题。与在低层建筑中长大的儿童相比，这一数字明显偏高。幸福与社会交往有很大的关系。生活在有更多社会互动的地方会带来更高的幸福水平。因此，比起那些居住在人口稠密城市的高层建筑里的男男女女，生活在郊区低层建筑中的人们似乎有更多的社会交往，也更加快乐。[31]

其他的城市健康问题也逐渐被发现：比如由于缺乏深度知觉①而导致的近视，以及由于暴露在噪声之中而导致的听力受损。不用细说的是，今天城市的空气质量也更差，而这反过来又导致了更多的癌症病例和肺部问题。

医学杂志《柳叶刀》(*The Lancet*)曾对特大城市，尤其是新兴市场中的特大城市带来的健康问题进行了非常严厉的批评。[32] 研究人员指出的问题包括：营养不良或不足，上文提到过的肥胖风险，过高的食品价格以及贫困问题。他们还提到了来自中国和埃及的研究，这些研究表明城市的乳腺癌发病率要显著高于农村地区。医生将此归咎于无意中出现在工业生产食品中的大量的内分泌干扰素（即环境雌激素）——想想看那些农药残留和工业污染物吧，比如多氯联苯、二噁英和重金属。

城市中的暴力问题也被频频提到，尤其是针对女性的暴

---

① 深度知觉，亦称"立体知觉"或"距离知觉"，即对物体的立体或对不同物体的远近的知觉。——译者注

力。另外，城市也加大了性传播疾病的风险。

对世界第五大城市（巴西）圣保罗的一项深入研究证实了这些健康问题。那里有多达30%的居民被心理问题所困扰。研究人员将其与人口密度联系起来。"世界人口的增长预计将主要发生在特大城市，"他们如此评论道，"这种城市化所导致的不仅是社会不平等现象的增加，还有压力的增加。圣保罗大都会区的情况已经表明，新兴国家的城市化地区将会在怎样的程度上来应对精神疾病问题。"

澳大利亚教授托尼·雷克塞（Tony Recsei）研究了城市化及其对健康和幸福的影响。和我的观点一样，他的结论也认为，有足够多的证据表明，生活在人口密度较低地区的人们会更加快乐和健康。而时下流行的巨人主义却试图让我们相信相反的观点。特大城市和巨型城市是城市规划者、某些环保活动家，以及政策制定者的梦想，他们喜欢以简单的方式来管理大量的人口。但是，被关在隔间里、与伙伴分开、仅仅被当作"经济人"来对待，有悖于人的本性。社会互动、自由、自主以及与自然的接触是人类幸福的基本要素。越来越大的城市甚至是巨型城市的出现是巨人主义的结果，它们与能够使人们更幸福的制度背道而驰。

下放权力，让小国和小城市发挥更大的作用，可以制衡飞速发展的巨人主义。然而正如本章清楚表明的那样，如果要保持宜居的话，这些大城市也必须以人为本、量身定制。巨型城市并不一定能使人们更加幸福。因此我们必须要制定明确的条件，以避免新的脱轨事件发生。

脱轨的人口统计学压制了个人，牺牲了大众

世界人口直到 19 世纪初都相当稳定：地球上当时居住着大约 10 亿人。此后，世界人口出现了缓慢增长，直到 20 世纪初。特别是在第二次世界大战之后，世界人口以每年约 2% 的速度强劲增长，这一趋势一直持续到了 20 世纪 80 年代初期。随后，增长率下降到每年 1% 左右的水平，但在此期间，世界总人口已经达到了 50 亿。

今天，地球上已经有超过 75 亿人。虽然西方国家的人口增长有所停滞，在某些情况下甚至出现了负增长，但是今天世界上最大的大陆——非洲，正在发生新的人口爆炸。根据联合国的估计，非洲大陆的人口将从 21 世纪初的 10 亿左右增加到 2100 年的约 45 亿。之后，非洲人口的数量甚至会超过亚洲人口。

对于这个世界来说，这意味着从如今的 75 亿[1] 人口可能膨胀到超过 110 亿人口。在 200 年的时间内，世界人口将增加 7 倍——如果我们回到工业革命刚开始的时候计算，增长的幅

---

[1] 联合国报告显示，2022 年 11 月 15 日，世界人口已达到 80 亿。——编者注

度甚至高达 10 倍。

挑战不仅来自非洲人口的增长,人类的寿命也大大延长了。瑞典医生和教授汉斯·罗斯林(Hans Rosling)[33]指出,今天的世界人口其实已经在增加了,因为成年人活得更久。医疗技术将继续进步,而这会使预期寿命继续延长。

目前已经有了更大的船只、更大的港口,更大的城市也正在计划中,这些都是用来养活和安置这几十亿新地球人的。尽管已经有太多的科学证据表明人口增长会导致巨人主义——而巨人主义反过来又会助长疾病、犯罪和不平等,从而使人们的幸福度降低——但今天却没有任何一个国家领导人敢于辩论这个问题。

世界人口的失控增长不仅对社会经济生活造成了破坏,对我们的气候也构成了直接威胁。**这个问题在如今"不可说",这与缺乏事实或科学见解没有关系,反倒是与缺乏政治勇气和对现实的知觉密切相关。**

黄石国家公园里的狼群

这本书是关于平衡的,所以大自然永远是一所好学校。我是一个自然爱好者,尤其喜爱野外、大型自然公园、山区和荒凉的地区。大自然循序渐进,总是能够找到新的平衡,而这其中的深远影响也会逐渐变得明显。因此,你更有可能在野外找到正在休假的我,而不是在人满为患的海滩上——顺便说一句,海滩绝好地体现了休闲度假中的巨人主义和工业化。

美国的黄石国家公园是一个神奇的自然公园。你当然可以去那里的热门旅游景点打卡，但这座公园也拥有许多鲜为人知的、广袤的自然风光。只要离开主要景点超过500米，大多数情况下你就遇不到任何游客了。

1907年，公园管理层在政治压力下制订了一个狼群消灭计划，本意是想要保护黄石国家公园里的动物免受捕食者的伤害。猎人们被允许大量猎杀狼群，于是不到20年的工夫，就连一只狼的踪迹也找不到了。结果，公园里的马鹿借机大量繁殖并造成了植被的过度破坏，以至于一些植物和树木物种的减少。这又接着导致了河床侵蚀以及其他与之相关的弊端，使得黄石国家公园不得不想办法去应对这些问题。

你在"油管"（YouTube）视频网站上可以找到一个观看次数超过千万的视频，讲的是将狼群重新引入黄石国家公园的事情。当时是1995年，虽然只有31只狼被引入，但它们对公园产生了巨大的影响。马鹿的数量因此显著下降（见图4-5）并被赶出了河床，而灌木和小树则得以在那里重新生长——由于马鹿的啃食，它们本来是没有机会长大的。新的植被反过来又减少了河床的侵蚀，从而使黄石国家公园的河流重新变得蜿蜒曲折。也就是说，数量有限的狼群完全地改变了黄石国家公园的景观。

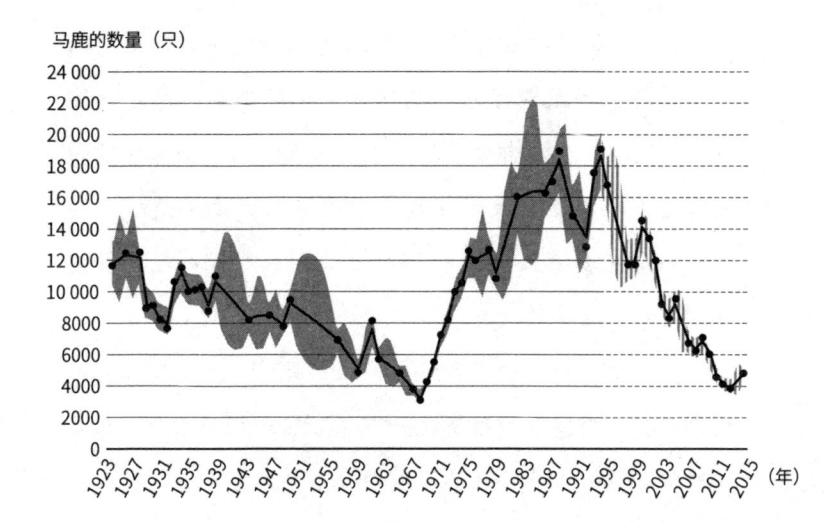

图 4-5　黄石国家公园 1923—2015 年间马鹿的数量

来源：《黄石科学》（Yellowstone Science）杂志。

　　大自然告诉我们，小事物也可以产生大后果。确实，黄石国家公园的例子表明，当你面对一个大的问题时，你用不着马上就提出一个宏大的解决方案。由于河流不畅而造成的严重水土流失问题也可以通过建造一座大坝的方法来解决。这样巨大的建筑物需要工程师进行多年的工作、需要雇用成千上万的建筑工人、动用成千上万的卡车、运输数以百万吨计的水泥，才能造得出来。又或者，同样的问题你也可以通过释放几只狼来解决。

　　应对巨人主义也是一样的，我们必须学会从小处思考，用更接近（人类）自然的最小干预措施让我们的经济再一次变得健康。

大自然同样也告诉我们，比起昆虫和啮齿动物这样的小型生物，恐龙更容易受到气候变化的影响。恐龙灭绝了，而较小的生物却幸存了下来。今天，人口增加导致的地球过度拥挤是最大的问题。解决它的办法不是建立设施，而是达成协议，让80多亿地球村的村民一起向着更可持续的、较小的世界人口规模迈进。

巨人主义对社会的影响是显而易见的。大型实体可以提供优势，想想规模经济就知道了。然而社会方面的后果却通常不尽如人意：压力、肥胖、空气污染、癌症、职业过劳……在这个超出了最大值的尺度表中，人并不处在中心地位。经济的非人性化在很多方面都有所体现。通过黄石国家公园的例子，我们应该更深刻地理解生态系统是可以被小小的变化所影响的——就比如几只狼的存在与否。

在一个经济生态系统中，一个沃尔玛超市、一家宜家店、一栋公寓楼、一个大型公园或几个游乐场都会对社会产生非常大的影响，这一点应该不足为奇。我们低估了长期持续的重大经济决策对社会的负面影响。而与此同时，我们也低估了小规模事物在生活环境中的重要性。

通过这本书，我希望自己可以改变人们的认识，并使决策者考虑到那些可能产生重大后果的小事。关于黄石国家公园狼群的例子说明了将信念植根于细微之处的强大力量，正是这种力量在几十年的时间里使生态系统重新恢复了平衡。

第五章

从痴迷增长到可持续增长

CHAPTER 5

第五章
从痴迷增长到可持续增长

经济学源于两个古希腊词语：oikos（房子或家庭）和nomos（规则）。**经济学研究的是人们之间的互动。**也就是说它是关于游戏规则以及协议的学科，而这些规则和协议在一轮又一轮后将有份决定结果的演变。

今天，这些游戏规则似乎极大地，甚至过度地刺激了"做大"。这产生的后果超出了纯粹的经济学范畴，对人类和社会的各个方面都有所影响。除了积极的方面（例如平价的消费品、效率、标准化），这些游戏规则也带来了许多消极的后果，正如我们在前一章所描述的那样。巨人主义的有害影响也是巨型的，对于越来越多的经济游戏参与者来说，这一点在未来只会变得更加清晰。

这种挫折感有时会导致对我们今天的整个经济体系的全盘否定：什么贸易、国际合作、公司、资本主义、经济……通通都不要了。这就是所谓的简单主义、民粹主义、激进主义、无政府主义、反全球化主义或者其他的什么主义。

真实的情况是，经济学研究的是一起合作的人们，是一起创造、交易、解决问题、不断寻找更好的补救措施的人们。经济学的中心是人，而不是一个高效但非人化的系统。

人类从不满足于自己的现状，而是对新的经验、新的事物充满好奇。这就是所谓的进步。一些声音对于其他的方向大力鼓吹，而对于进步却大声禁止，这种风险确实是存在的，那种拒绝经济增长、追求停滞的主张就是这方面的一个例子。然而，没有进步就等于是在限制人类。

增长是正常的

对大多数并非经济学家的人士而言，经济增长是一个抽象的概念。这是因为"增长"并不能很好地被感受到：0.5%和1.5%的经济增长之间的"体感温度差"在我们这里是非常温和的。除非在极端情况下，比如经济繁荣或严重衰退期间，几乎没有人会真正注意到经济状况是好还是坏。年平均值的增长速度太慢了，你不会每年都注意到它。但是，如果用十年的时间作为衡量标准，你就更有可能意识到已经取得的进展。大多数人将其认为是"舒适度的增加"。过去，他们拥有的是电视机、汽车和冰箱；现在，他们晒出来的则是空调、智能手机和孩子们的电子游戏，当然还有网飞的订阅服务。

在过去的两个世纪中，西方经济的平均增长率约为每年2%。但发展并不总是一致的，有快速增长的时期（比如黄金般的20世纪60年代），也有缓慢增长的时期（比如19世纪初)。2%的年增长率看似非常少,但这其实意味着平均繁荣水平每35年就会翻一番。这立即描绘出了另一幅图景,为我们显示出增长的长期效应是多么的具体和重要。

在工业革命之前根本就谈不上什么经济增长。在某些时期,这种增长甚至是负的。例如,西方经济在公元元年至公元1000年之间停滞不前。这与罗马帝国的崩溃以及在那之后欧洲所陷入的黑暗时代有很大的关系。从公元1500年开始,经济进步虽然能够明显地被观察到了,但每年的增长水平仍然没有超过0.5个百分点。用今天的话来说,经济跟停滞几乎没什么两样。

也许我们低估了那个时期的增长,最终,一个伟大的技术进步还是出现了。我们甚至将其称为首次全球化大爆发:欧洲与亚洲、非洲和拉丁美洲的贸易蓬勃发展,造船、航海和金融业都经历了一场真正的变革。

即便这么说,经济增长毕竟还是有限的。经济学家们仍然对真正的原因争论不休。一些人,比如英国人口学家和经济学家马尔萨斯,提出了一种悲观的观点,他预测人类总要与自身的极限相抗衡,尤其是在资源和食物方面。

那个时期生产力收益[①]也很微小,因为主要的能量来源仍然是人和动物。只有随着机器的出现、特别是自从引入了石油

---

① 生产力收益指的是劳动生产率提高所带来的收益。这个术语适用于公司和经济。——译者注

作为主要能源以后，人类才实现了大规模的生产力收益，从而实现了巨大的经济增长。

1820年后，在被我们称为工业革命的时期内，经济增长速度明显加快了，其实将这一时期定名为"资本主义时期"也许会更恰当。

今天，西方的经济增长速度已经比不上东方。中国每年设定的增长率几乎是西方的两倍，尽管如此，这些数字与10年前相比也几乎减少了一半。自1973年以来，中国的年平均增长率高达7.5%，这相当于中国的财富每10年就会翻一番。这一速度现在虽然已经放缓，但如今中国的增长仍然是世界经济增长的最大贡献者。印度和其他亚洲国家也实现了令人陶醉的增长数字。

零增长从各种意义上来讲都是无稽之谈，因此要对付经济中的巨人主义或者其他过度行为的话，零增长并非解决之道。这是因为经济增长是各种过程的逻辑结果，是无法阻止的。增长可以来自以下多个方面：

人口的高增长，即来自"送子鹳"[①]的增长

人口增长显著的国家从逻辑上而言经济增长也很强劲。随着不断增长的人口被纳入经济生活中，国内生产总值——

[①] 在西方，据说鹳落在谁家屋顶造巢，谁家就会喜得贵子，幸福美满。因此，鹳在西方文化中被广泛认为是一种"送子鸟"。——译者注

一个国家创造的所有收入——将更快地增长。因此，为了比较各国的经济表现，经济学家通常会计算"人均国内生产总值"的增长，也就是按人头计算的国内生产总值。这样做使得他们能够客观地看待人口增长的差异。还要指出的一点是，移民也是人口增长的一个来源。比如，移民在美国是一个重要因素，在西欧的重要性也越来越高。美国和欧洲之间的增长差异几乎可以完全由人口增长的差异来解释。根据世界银行的数字，1998年至2018年，欧盟的人均年增长率（即按人口增长调整过的年增长率）为1.4%。同一时期，美国的年增长率为1.3%。剩下的有些部分就是会计技巧的结果了，因为就算是在经济世界中，业绩也最好以最有吸引力的方式呈现出来。

趋同：追随领先者

自行车手对这一点都再清楚不过：跟上竞争对手的车速比自己保持速度要容易。在经济领域，同样的事情也在发生着：增长较快的国家往往是被领先国家的繁荣水平所带动的。例如，东欧就长期被西欧的繁荣程度所吸引，而欧洲也曾经受益于美国产生的吸力效应。中国向世界其他地方开放之后，其生活水平在发达国家的带动下也提高了。这意味着，在某一时刻，领先者将不得不面对领先优势的渐行渐停——其他国家都在模仿自己，并复制出另一个更优秀、表现更好的版本。

更好的技术：通过领导力实现增长

从长远来看，假如一个国家拥有更加优越或者有效的技术/知识基础，那么它也将实现更多的经济增长。然而，随着其他国家也逐渐采用相同的技术，这种差异迟早将变得不再那么引人注目。

因此，增长不一定是经济强劲的表现，也可能只是人口高度增长的结果；另一方面，强劲的人均增长表明的也可能只是吸力或者趋同效应。

但即便如此，只要你研究一下增长的来源，就会意识到零增长对世界来说并不是一个可行的选择。关于人口问题，目前仍然没有全球性或区域性的协议。边界和贸易是开放的，所以趋同便自然而然地形成了。再说也没有禁令禁止技术进步。就算欧洲集体决定不再增长，也不能将此强加给世界其他地区。此外，这一决定还将使欧洲迅速陷入贫困，并且令欧洲人在很大程度上错过世界其他地区的技术突破。

因此，零增长的支持者们对经济增长的来源可谓一无所知。增长不一定意味着"更多"，增长也可以意味着"更好"。强制执行零增长意味着我们将不再寻找解决方案，以求在减少二氧化碳排放的基础上制造能源。我们将不再寻找新方法来清除河流和海洋中的塑料污染问题。我们也不再进行抗癌新药的研究——因为零增长的支持者通常会在那之后用满腹狐疑的眼神盯着你。零增长还意味着人们将会被禁止发挥创造力，而新一代人让世界变得更美好的意愿也将被剥夺。

但这也并不意味着我们应该以尽可能高的增长为目标。在我看来，要使一个发达经济体的人均增长率超过2%，只有使用生长激素才有可能。但我们已经知道，这将导致"过度"现象的出现。

作为一个简单的基本法则，我认为一个发达经济体通常的年增长率是0.5%至1.5%，并在此基础上再加上或减去其人口的增长。因此，当我主张"经济放缓"时，我指的并不是"经济停滞"。说到这里，大自然又一次成为我灵感的源泉：生长速度快的树木并不那么健壮；而相对的，生长速度慢的树木存活的时间更长，也更能抵御风暴或危机。快速的经济增长不仅会造成经济上的过度，例如债务或泡沫，而且也会扰乱社会。反之，经济的缓慢增长却实实在在地为人们提供了机会，令其能够更好地适应。

经济增长存在哪些问题？

当然，目前的经济增长也是有负面影响的，它建立在能源消耗增加的基础上，并带来了大量的污染。二氧化碳排放和气候问题之间存在着联系。同时，大气中的二氧化碳和当前的经济模式之间也存在着联系，后者是由化石燃料的巨大能源消耗所驱动的。但是，这些有害影响与经济增长的原则本身关系不大，反而是与我们的经济体系类型有关。更重要的是，我们需要为消除过去的经济体系所产生的负面影响寻求解决方案，而未来的经济增长则在很大程度上将是这种寻求过程的结果。

将经济增长视作问题而非解决方案，这是非经济学家和目光短浅的舆论家最常犯的错误。而**倡导可持续增长就非常不同了，这个观点我是完全同意的**。但可持续增长却很难实施：它更有可能由经济刺激因素所引发，比如价格的上涨。如果我们能明确是哪些因素导致了不可持续增长的话，就会很有好处——顺便说一句，在这些导致不可持续增长的因素之中，有一部分对巨人主义的泛滥也负有不可推卸的责任。

换句话说，如果我们对什么是可持续增长有更好的理解并且能够鼓励它的话，那么巨人主义就能得到遏制。反过来说，如果我们能够消除那些导致巨人主义的刺激因素，就将在可持续增长的方向上前进一步。

目前的经济增长不仅产生污染，而且在几代人之间也缺乏中立性。这一代人试图尽可能多地实现经济增长，却没有考虑到这样做会对明天产生什么样的影响。污染就是这样的一个例子。同样的道理也适用于我已经多次提到过的债务的增长。归根结底，债务是一种寅吃卯粮的形式。换句话说，债务将经济增长"提前"了。当债务涉及投资——想想房屋、学校、信息和通信技术或者基础设施吧——的时候，人们还可以说这种负债是积极的。但即便是在这种情况下，负债积极的观点有时也是不正确的：产能过剩的状态一旦形成，过多的投资只会使情

第五章
从痴迷增长到可持续增长

况变得更糟。

以汽车或消费品为例：如果产能过剩，而政府却仍然通过降低利率这一种强有力的方式让债务更具有吸引力——来鼓励更多投资的话，那么问题只会更加恶化。饱受增长问题困扰的政府希望采取所谓的凯恩斯主义①措施，以负债的方式开展各种无用的大型基础设施工程。它们不仅没有经济效益，对自然或者人类也是一种侵犯。凯恩斯主义的"白象"②刺激出了更多的巨人主义。

国家之所以刺激过高的经济增长，主要原因之一就是政府债务，尽管这其中有着各种负面影响。事实上，大多数国家和州省都背负着高额债务，不仅有可见的债务（公共债务），还有不可见的债务，比如人们做出的、但没有储备金支持的承诺。对政治家来说，做出承诺是非常诱人的，比如，你可以通过承诺来当选。而且，它们还可以用承诺把问题的解决推给未来，因为靠着增加债务或不建立储备金并不能真正解决问题。大多数国家都没有为养老金和日益增长的医疗费用建立足够的

---

① 凯恩斯经济学或凯恩斯主义，是基于英国经济学家约翰·梅纳德·凯恩斯（John Maynard Keynes）的著作《就业、利息和货币通论》（*The General Theory of Employment, Interest, and Money*）的思想基础形成的经济理论，主张国家应采用扩张性的经济政策，通过增加总需求来促进经济增长。——译者注
② "白象"是对无用的基础设施工程的一种称呼，指的是没有经济用途或者无法承受维护费用的投资。相对于可能的经济回报，它们是昂贵的投资。——译者注

储备，也没有为环境和气候建立足够的储备。

今天的政府对保持尽可能高的增长一事极尽重视，因为不这样的话某些系统就会崩溃。然而他们应该意识到的是，这种由债务驱动的政策会导致"过度"。这种"过度"可以是巨人主义，也可以是产能过剩（而这又会导致通货紧缩）或者是有害的社会影响（例如太多没有真正内容的工作，或对创新以及新工作和新企业的阻碍）。在这方面，中央银行可谓是政府的盟友。

保持旧金融系统的正常运转已经成为政府的一个非常重要的目标，使政府看不到这种干预对实体经济和社会所产生的长期后果。金融系统当然很重要，但从长远来看，它也是能够自我稳定的。如果一个金融系统需要持续地被稳定，要么就是它存在结构性的问题，要么就是政府对金融系统向它们发出的信号不甚满意。

如果一种货币受到压力，政府可以通过例如支持性买入这样的办法来试图稳定它。然而这种类型的长期干预措施其实从来就没有成功过。不过，如果金融市场认为政府正在采取措施来解决问题，那么该货币的压力就会立即消失。

当金融系统受到暂时性恐慌的压力时，政策干预确实有意义。但政策对汇率、利率和股价的长期支持都表明了更加深层次的经济问题。金融系统是经济的晴雨表，它可以预示即将来临的风暴，迫使决策者采取他们本来无法或不敢采取的措施。**然而，如果这个晴雨表被人为长期操纵的话，你就不再知道气**

第五章
从痴迷增长到可持续增长

候到底是什么样子了。你创造了一个人工经济温室,而其中的居民会觉得一切都运转良好。他们甚至会认为气候问题根本不存在。这样的政策肯定是不可持续的。实体经济不会因为金融系统暂时受到压力而崩溃,恰恰相反实体经济会在压力中蓬勃发展。衰退在所有时代都存在,长期地压制衰退和进行经济调整是不自然的,它们导致了时下的"过度"。

在夸大增长方面,政府走得实在是太远了。正如我们前面解释过的那样,人口增长是经济增长的一部分。然而,这种人口增长对真正的基本增长而言是完全中性的,驱动后者的其实是技术进步。但政府却很想要利用这个因素,例如一些国家仍然认为生育率很重要,因此试图保持自然增长。因为人口的萎缩,日本被视为一个应该避免的反面例子。但实际上,日本并没有真的被经济问题所困扰。它的人均增长率与欧洲基本一致,甚至不比美国低多少。日本拥有高产的劳动力、良好的机构、顶尖的技术,以及富有竞争力的公司。然而,它也确实有巨大的债务问题和同样庞大的养老金问题。当国家的人口不断缩小时,这些的确都是很麻烦的问题。

换句话说,大量的经济政策针对的其实都是实体经济之外的目标。想想养老金、债务或汇率吧,这不过是随手举的几个例子而已。然而,这种做法却会对社会的其他领域产生重大影响,关于这一点我们已经在前文中充分讨论过了。**盲目地、不惜一切代价地追求经济增长将会是造成未来经济危机的主要原因之一。**

目前的经济政策在我看来也是不可持续的，因为政府和中央银行本身就是造成经济模式每年脱轨多一点的原因。折中之路，也就是可持续增长，俨然是一个可以包罗万象的概念。因此，我们将在这里揭开它的神秘面纱。

▎可持续增长 ▎

长期以来，经济学家对他们的课题的看法都很狭隘。经济学没有必要考虑太多的要素，国内生产总值（GDP）及其优化就是这门学科的主要目标。

即使在今天，对一代又一代的经济学家所进行的教育中，经济世界仍然是高度理论化的。在这个世界里，各国相互进行贸易活动，寻求比较优势，但是这种贸易带来的所有其他的社会和生态方面的影响却并不在授课范围之内。这些经济学家不喜欢有人批评他们简化了现实世界，他们躲在伪数学的等式后面，假装经济学是一门精确的科学。但它显然并不是这样的。

所以，根据经济学理论，自由贸易总是全盘皆好。必须避免任何形式的贸易壁垒，否则就会受到经济衰退的惩罚。这种教条式的经济理论导致了无限制的国际贸易，最终引发了人们的抵制。例如，人们反对综合经济与贸易协定，该条约旨在将欧盟和加拿大变成一个横跨大西洋的贸易区。特别是在像瓦隆

第五章
从痴迷增长到可持续增长

区①这样的小地区里,对该贸易协定的反对声浪尤其激烈。

虽然我并不会声称取消国际贸易会更好,但对于额外的社会以及诸如环境方面的问题,我们也不能再继续忽视下去了。从纯粹的经济角度来看,与中国的贸易可能是最佳的,但也会产生一些社会影响。其中一些对中国来说是非常积极的,而在贸易的另一端,我们得到了廉价的消费品,但同时也有一些技能和活动随之消失了。

大学里培养的仍然常常是古典派经济学家,他们在理论框架内对经济进行着"优化"。对供给冲击或需求冲击②的模拟被强行推行,对政府支出、投资和消费产生了所有可能的影响。但很少有人鼓励经济学家将目光投向他们的专业领域之外。除了以上的影响,对人、对社会、对幸福或者对健康而言,影响又会是什么样的呢?

英国经济学家理查德·莱亚德(Richard Layard)在他的《幸福》(*Happiness*)一书中对旨在为社会带来幸福的新经济和管理策略进行了探索,可谓是一举开了先河。法国人托马斯·皮凯蒂(Thomas Piketty)在他的《21世纪的资本》(*Capital in the Twenty-First Century*)一书中展示了资本对不

---

① 瓦隆区是比利时的三个大区之一,位于该国南半部。瓦隆区占比利时全国土地面积的52%,人口则约占全国的1/3。——译者注
② 供给冲击或需求冲击指的是突然增加或减少某种(或总体)商品或服务的供应或需求的事件。这种突然的变化会影响商品或服务的均衡价格或经济的总体价格水平。——译者注

平等的影响，在政治家中间可谓是振聋发聩。在我看来，尽管皮凯蒂的作品中包含了一些基本的错误——例如，资本的时间序列存在着"赢家偏差"[①]，这意味着由战争、破产和其他因素所造成的资本损失被低估了[②,34]。但他仍然极大地扩展了经济学家的眼界。还有，牛津大学气候变化系的经济学家凯特·拉沃思（Kate Raworth）在2017年创作了《甜甜圈经济学》（*Doughnut Economics*）[35]一书。在书中，她在经济与地球和气候所受到的限制之间建立了深远的联系。

这些思想家中的许多人会被古典派经济学家认为是"左翼"分子。但这是一个实际上并不相关的形容词。毕竟，如果用不那么狭隘的观点来看待经济领域，而是将眼界扩大到社会、环境和人的地位问题上，这绝对不是什么"左翼"。经济学、气候科学和哲学融合成新的见解，使经济更加平衡地发展。这不"左"，反倒非常健康。

可持续发展的主旨是平衡、放眼长远以及不危害同伴和自

[①] 赢家偏差：业绩会受到赢家即最好的公司的影响。毕竟，表现不好的玩家不会进入指数，它们被表现更好的玩家所取代了。这样一来，组成指数的就主要是一小部分顶级的公司，而这个指数也就并不总是一个能够反映经济体中所有公司情况的良好指标。——译者注

[②] 麦克洛斯基指出，不平等有所增加的现象只发生在英国、美国和加拿大。但皮凯蒂却得出了笼统化的结论，声称资本主义总是让富人更富，穷人更穷。但这其实并不正确；不平等增加的现象并不是在所有地方，以及从1800年以来的每个时期都发生的。而他所发现的事实的基础是不能这样一概而论的。——译者注

然。因此，可持续增长可以被简单地概括为：

- **可持续增长是跨时代的中性增长**

可持续增长除了生产性投资，没有新的负债；没有需要日后清理的污染问题；没有对同伴或地球的损害。

- **可持续增长不会导致社会的扭曲**

可持续增长使人类和社会免受损失，不会使任何社会阶层处于不利地位，也不会使任何特定类别的人享有特权。

这就是在国家和地区之间比较经济增长如此困难的原因。虽然可持续增长很容易就会经历几年的放缓，但也可以同时伴随着社会凝聚力的加强、生态足迹的改善或者债务的减少。德国、瑞士、斯堪的纳维亚半岛国家和荷兰都不是增长冠军，但它们在可持续性方面的得分都很高。

还有一个定义则更加简单：会导致巨人主义增长的不是可持续增长。不仅如此，那种一边是富有竞争力的巨人，另一边却是数量不断攀升的僵尸公司的情况在经济中将会越来越常见。它们是同一枚经济硬币的两面。

巨人与僵尸

在前面的章节中，我们已经列举了巨人主义的一系列负面后果，它们主要是社会经济性质的。一段时间以来，经济学家们想破了头也没有弄明白，为什么在过去十年内经济生产力增长如此之低，许多国家甚至出现了负增长，而与此同时技术进步却在加速。20世纪90年代的生产力增长曾经非常强劲，但在21世纪后、技术泡沫达到顶峰时就开始放缓了，并从那时起趋势便一路走低。

这显然与直觉相悖：在人们的期望中，技术的繁荣本来是应该加速生产力增长的。统计数据反常得实在太厉害，连一些经济学家都开始质疑其准确性了。这其实是不对的，因为问题并不在于对国内生产总值的测量。毕竟，为了将技术的进步纳入其中，国内生产总值的计算方法已经改变了许多：美国国内生产总值的20%是由所谓的"享乐主义"方面的（质量）调整所决定的。有些人会把这些调整形象地称为"空气"，因为它们是无形的。它们是没有反映在价格上的质量进步：你的电脑更快了，你的手机更智能化了，你的汽车也更安全（和更智能化）了。所有这些设备的价格并没有因此升高，有时甚至会变得更低。因此，在计算国内生产总值时将其考虑在内是合乎逻辑的。大多数经合组织国家都采用了这些享乐主义的调整，正如无形资产往往会在国内生产总值中贡献相当大的增加值一样。

如果生产力的下降并不是测量上的问题，那么或许它是一个时间问题？这是埃里克·布林约尔松（Erik Brynjolfsson）和安德鲁·麦卡菲（Andrew McAfee）的论点，他们二位是来自著名的麻省理工学院的研究人员，同时也是《与机器赛跑》（*Race Against the Machine*）一书的作者。他们认为，一切只是

第五章
从痴迷增长到可持续增长

还没有到来而已。

不幸的是，经济学家们鲜少认同这一观点。另一位知名的美国经济学家罗伯特·戈登（Robert Gordon）对此就持悲观态度。在他看来，创新其实没有那么引人注目，小玩意太多，对生产力的推动作用却太少。戈登认为，在任何情况下，它都不能够弥补人口统计学（即老龄化）的消极影响。

赢家通吃：为数不多的公司却贡献了几乎所有的生产力收益

因此，对于这一现象的成因，宏观经济学家们并不能够达成一致。但这恰恰可能是因为他们的方法过于"宏观"了——答案更有可能在企业的层面，即微观层面上找到。经合组织最近的研究[36]显示，只有少数顶尖的公司（即所谓的前沿公司）实现了生产力收益，而自2000年以来，所有其他的公司就都无法再实现生产力收益了（见图5-1）。正是这些巨头攫取了所有的生产力收益，同时也对整个经济产生了负面的影响。

自2000年以来，知名的全球数字企业——比如谷歌、苹果和亚马逊以及更多的传统巨头——比如大型汽车制造商、化妆品集团欧莱雅或者食品集团雀巢，都产出了令人印象深刻的生产力收益。平均到每个雇员，生产力收益创造了越来越多的收入。但其他的公司却在生产率方面停滞不前。该如何解释这种差异呢？

迟缓的巨人
"大而不能倒"的反思与人性化转向

生产力收益占总收益比例（%）

信息与通信技术服务

生产力收益占总收益比例（%）

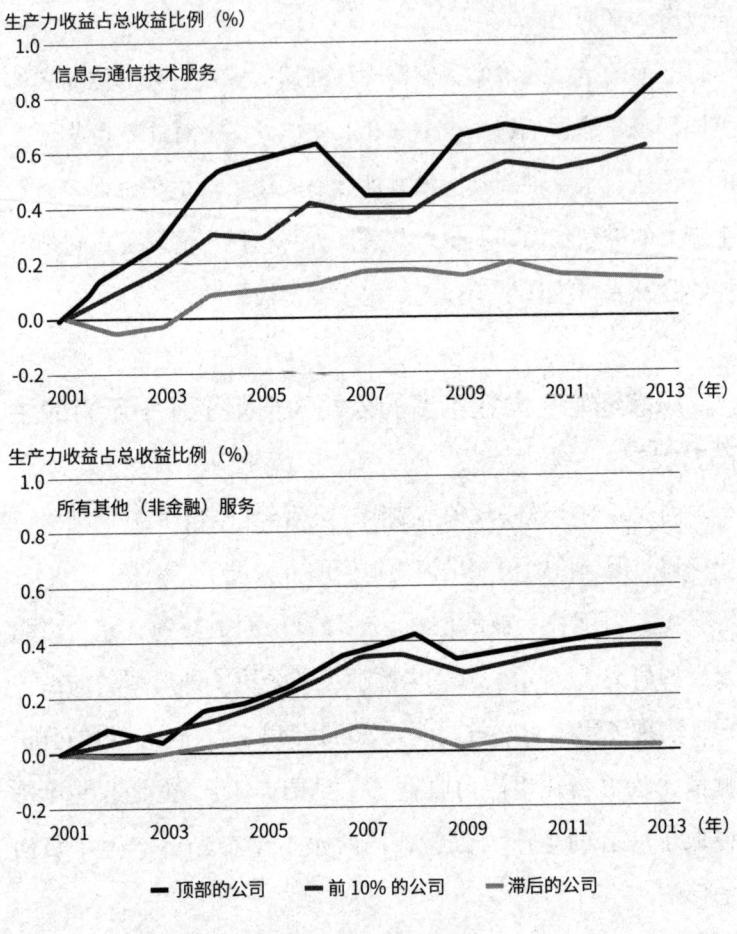

所有其他（非金融）服务

— 顶部的公司 — 前 10% 的公司 — 滞后的公司

图 5-1 赢家通吃

来源：安德鲁斯（Andrews）、克里斯库奥罗（Criscuolo）、盖尔（Gal）2016 年基于 Orbis 全球企业数据库的研究。

经合组织的专家们试图在创新的方向上寻找答案，但还有两个重要的现象可以提供更好的解释。

158

第五章
从痴迷增长到可持续增长

首先，有统计数据显示，经合组织内存在着一个越来越大的、不能再活下去的公司群体，由那些年复一年地堆积损失、但却仍然长期生存的公司所组成，即僵尸公司。它们之所以还没有死掉，原因在于超低利率的政策、宽松的信贷、各种补贴以及其他的政府支持。

其次，大公司比起小公司来可以更便宜地进行融资，不论是在股票市场还是在债券市场都是如此。中央银行通过其"资产购买计划"进一步强化了这一现象，因为这些计划的对象只包括大公司，并不包括小公司。这使得巨头们更容易在小公司成为潜在的可怕竞争对手之前就将它们收入囊中。你知道的，就像足球俱乐部切尔西和曼城购买新人然后将其借出一样，这样做的结果是他们的竞争对手就无法发展壮大了。

因此，僵尸公司和巨头既是2000年以来货币政策的结果，也是其他经济冲动的结果。这是无意为之的，但同时也的确是一种经济演变，而这种演变如今已经出现在了统计数据中。为了再次提高生产力，金融行业应该被赋予执行力，令其不再人为地去维持僵尸公司的活力。要认出僵尸公司的话就要记住几个特点：它们会系统性地否认问题，它们奉行保守的商业模式，它们定期地进行重组和裁员，还有它们负担着高额的债务。但它们也会公开地或悄悄地向政府寻求支持。仗着与当局或利益集团的良好关系，它们还设法长期阻挡竞争对手，而这要归咎于复杂的规则或者进入壁垒。这种（有时几乎覆盖了整个行业的）僵尸公司的消失将能够为大量新鲜的、年轻的公司提供氧气，从而让经济更具活力。而**这正是欧洲所亟须的——僵尸公司退散，创业精神万岁！**

更高的利率、更紧缩的信贷政策、更健康的银行可能会对僵尸公司的退出有所帮助。废除欧洲央行、美联储、日本央行和其他央行的那些疯狂货币政策也会同样有用。

因此，我们要记住，巨人主义的另一面是许多的僵尸公司。目前的经济体系并不能够为我们带来可持续的经济图景，而这就是证据之一。

全球性的庞氏经济

卡洛·庞兹（Carlo Ponzi）有一个更加被世人所知的名字：查尔斯·庞兹（Charles Ponzi）[37]。他于1882年出生在意大利，后来移民到了美国。在那里，他的生活可谓是各种零工和轻微犯罪的结合体。他在加拿大被判处三年监禁，在美国又被判处了两年监禁。

然而从1920年起，庞兹的野心变大了：他发挥自己的魅力和表演天赋，成了一个职业诈骗者。他的骗局在今天仍然是以他的名字命名的，被称为庞氏骗局[①]，简而言之就是以非常高的潜在回报率引诱投资者（投机者），然

---

① 老鼠会和庞氏骗局之间还是有微妙的差别的。在老鼠会中，投资者自己必须去吸引新的投资者，并激励他们取代其位置；而在庞氏骗局中，这是由该计划的领导者来负责的。——译者注

第五章
从痴迷增长到可持续增长

后用新客户的资金作为回报来支付给老客户。

由于高额回报根本就不会兑现（如果已经有资金进入的话），所以欺诈计划的领导者必须不断地激励新的投资者入局，并阻止可能的退出行为。庞兹的成功十分短暂，仅仅一年之后，他那著名的计划就崩溃了。骗子承诺的是在45天内盈利50%，100天内盈利不少于100%。然而实际回报却是零，如果再扣除成本，回报甚至是负数。所以他不得不去吸引越来越多的新客户来支付巨额回报。一旦投资者开始外流，他的骗局也就无从继续下去了。

那些追随着庞兹足迹的后来者，比如伯尼·麦道夫（Bernie Madoff）、汤姆·佩蒂斯（Tom Pettis）和艾伦·斯坦福（Allen Stanford），都十分清楚，只要承诺的回报低一点，骗局便可以坚持更长的时间。麦道夫建立了一个650亿美元的基金，向他的投资者承诺的年回报率虽然"只有"10%，但却非常稳定。他的客户主要是慈善机构，而他在法律上只有每年支出5%的义务。如果股市没有在2008年崩盘，麦道夫可能会终生继续他的计划：当时的股市在几个月的时间内暴跌了38%，而他却声称取得了将近6%的正回报。也就是说，如果你承诺了10%，而实际上却达到了8%，并且还能够吸引到新客户的话，那么庞氏骗局就足可以持续，直到遇到重大危机为止。而危机也会立刻成为这种骗局崩溃的绝好借口。

庞氏骗局与可持续的结构完全相反。它们本质上都是不稳定的，能够得逞要归功于参加者知识的匮乏以及出售的空洞承诺。如果我们能够透过这些来看待如今的世界经济，便会发现更多巨大的庞氏骗局的存在。

世界上最大的庞氏骗局也许就是欧洲的社会保障系统。在那里，承诺变得越来越多，而用以支付所有这些福利的经济增长却每个十年都在降低。同时，由于人口结构的原因，进入的人数（即支付社会保障的人数）在减少，而接受福利的人数却在增加。欧洲的那些并非基于资本化制度（即养老金植根于储蓄和投资的制度，比如荷兰的养老基金），而是基于再分配制度（即年轻人支付老年人的养老金，自身却不积累资金）的养老金计划，实际上就是庞氏计划。人口一旦停止增长（老龄化加剧），数量较少的年轻人就必须为越来越多的老年人来支付养老金。如果对这些老年人的承诺还要增加的话，那么养老金计划就会有崩溃的危险——就像查尔斯·庞兹或伯尼·麦道夫的计划一样。

欧洲政客们则是另一群伯尼·麦道夫：他们一面向大众承诺亮眼的回报，一面希望养老金计划不要在他们的任期内翻船。

同时，气候问题也是一个庞氏骗局：人类向大气注入越来越多的温室气体，比地球本身能够自然吸收的更多。

如果我们把眼光放得更远一些，就会发现全球债务也在像庞氏骗局一样增长着。越来越多的债券被发放出来，而民众对它们的购买欲望却在减少。为了使债务庞氏骗局继续下去，中央银行将不得不开始自己购买债券。而且它们还降低了利率——这一点对寻找新人入局显然是没有帮助的。

　　查尔斯·庞兹实在应该被瑞典银行追授诺贝尔经济学奖[1]，毕竟，今天的许多经济计划都实施了他的套路。这表明，许多经济或者非经济的系统从根本上而言都是不可持续的。庞氏骗局的确是一个反可持续发展的计划。

---

[1] 诺贝尔经济学奖在1969年才首次颁发，而查尔斯·庞兹在1949年就已经去世。这样说当然是为了讽刺。——译者注

第六章

更小、更慢、更人性化：向可持续的全球经济迈进

第六章
更小、更慢、更人性化：向可持续的全球经济迈进

全球经济在不断地发展着，离可持续的平衡却越来越远。如果把它比作一个游戏的话，那么在每一个新的回合中，其中一个玩家积累的分数会越来越多，而其他玩家却慢慢地退出了游戏。一边是巨人，一边是僵尸。富裕病的数量在增加，这种经济形式将人们进一步推离了经济生活。由于不可持续的债务增长，经济增长不得不被推到高于其本身可能性的地步。在这场疯狂的经济游戏中，每开始一个新的回合，"过度"都会变得更大。很明显，不断的小修小补并不能够扭转局势，我们必须要进行更加深入的调整。

一些经济学家将整个系统一概拒之门外，成为反资本主义者、反全球主义者或无政府主义者。而另一些则在已经被证明寿终正寝的结构中寻求庇护，尽管这些结构其实属于另一些领域。不，解决问题的办法不能从一个极端走向另一个极端。

许多人可能会认为我对巨人主义和大企业的批评很极端，然而我却希望他们能敢于直面事实。有数不胜数的证据表明，经济对巨人主义和大企业的过度激励，已经使其走上了不可持续的道路，也使其失去了人性。

因此从逻辑上讲，我主张"小一些的"或者说"没那么大"的经济，一个以人为本、量身定做的经济，一个不会脱轨的社会经济体系。然而对许多人来说，"小"却总是自带贬义的，比如说小国寡民、小家子气、小地方来的、小鸡仔身材，等等。

这显然不是我们必须向之迈进的经济模式。我们不应该拒绝全球化的好处以及近几十年来取得的进步。我们不应该关闭互联网或者禁止跨国公司。我并不主张反全球化的哲学，但我的确想强烈呼吁大家将目前脱轨的全球化现象牢记于心。

一个能够促进更平衡的世界经济的伟大引擎被称为去集中化。不论对于什么问题，人们总是常常会想到集中化，也就是将其提升到更高的层次去解决。然而这却催生了越来越庞大的官僚主义和等级制度金字塔。随着这些组织越变越大，它们的发展势头也越来越好。因此，公司也好，国家或非政府组织也好，无论愿意还是不愿意，都在追求越来越大的规模。不仅如此，在地方范围内，人们也开始将集中化和规模化视为提高效率的解决方案。学校、医院和图书馆都已经成了巨无霸。

当然了，在大多数情况下，它们在经济方面的效率的确都有所提高。[38] 然而在其他方面，这种倾向却也降低了它们的有效性。这些巨型组织不仅比以往任何时候都更加远离它们的服务对象，而且还可能将某些群体排除在外，从而降低社会流动性。学生或病人在某些学校或医院不再有受到贴心照顾的感觉，而规模化可能就是导致这种现象的一个因素：他们觉

第六章
更小、更慢、更人性化：向可持续的全球经济迈进

得自己的情况没有得到充分的考虑，其心理健康问题也因此而恶化了。

近几十年来，集中化思想已然悄悄地进入了我们的社会，虽然这可能本来是出于好意。集中化不仅导致了管理者与服务对象之间更大的距离，而且还产生了完全不同的职能：管理职能必不可少，控制职能也不可或缺，二者用以查看每个人是否遵守了商定的程序和规则。因此，重点更多地转移到对这些组织的管理上，反而偏离了这些机构创建之初的核心目标，例如教育年轻人或者救治病人。

纯粹的经济思想家们之所以宣扬集中化，是因为它能够产生经济效益。但他们却未能将其他层面的问题——例如社会和生态——纳入他们的模型或者反思之中。这种一元化的思维正是巨人主义的根基之一。

去集中化不但可以使组织更加接近人民，使那些真正创造价值的人获得权力（用一个时髦的动词来表达的话，即去集中化可以"赋权"），而且也可以使社区之间保持紧密联系。的确，一个小镇上的图书馆看起来可能并不如附近大城市里的超大图书馆效率那么高，但这些小型的地方图书馆却也履行着聚会场所的职责，是一个社区好几代人聚会的地方。他们不是已经认识就是在通过不同的方式相互认识对方：比如交流想法、新的阅读材料或者灵感，又比如只是偷偷看看附近的人在读些什么。城市里那些巨大的图书馆的确更加有效也更加便宜，但同时也更加匿名化，对社区的建设也只有更少的裨益。

同样的道理也适用于学校。大型教育机构在经济上确实更有效率，但很多时候它们却在这个方向上走得太远了。学校必须尽其所能地塑造好每一个人，并且在当地的社区中占据重要的一席。**但在追求效率的过程中，我们的眼中却忽略了人和由人所组成的社区。**

向小思维并不意味着最终会牺牲经济效率。去中心化的伟大倡导者之一是黎巴嫩裔美国科学家、前衍生品交易员和作家纳西姆·尼古拉斯·塔勒布（Nassim Nicholas Taleb）。在他的著作《黑天鹅》（*The Black Swan*）与《反脆弱》（*Antifragile*）中，塔勒布为小型的实体如是辩护道："从纸面上看，'做大'似乎更有效率——因为这样你就可以享受到规模经济的好处。但在现实中，'小'的效率其实要高得多……一头大象很容易就会把腿摔断，而你把一只老鼠扔出窗外的时候，它却并不会因此而受伤。大尺寸使人脆弱。"

大型系统是脆弱的，而正因如此，它也最好是去集中化的——这一事实便是万维网、互联网的根源所在。四十年前，政府和军队组织仍然严重依赖大型主机。然而，这些可以连接多个终端的、强有力的大型计算机却非常容易受到有针对性的攻击。通过使用由分散的小型计算机所组成的网络，系统得以更具弹性和灵活性。

去集中化的系统不仅使人们在面对大系统失败的时候不那么脆弱，还能够促进多样性。想象一下吧，如果集中化系统的构思有问题，那么它整个都不起作用的风险就很大。[39] 而去集

第六章
更小、更慢、更人性化：向可持续的全球经济迈进

中化的系统则不然：一部分系统失灵，你仍然可以使用其他系统。这种多样性也会带来意想不到的后果，甚至是无心插柳柳成荫：一些系统会给你惊喜，因为它们原来可以表现得这么好。你尝试得越多，你发现新事物的机会也就越多。

去集中化还有另一个重要的好处：集中的制度不鼓励竞争，而这导致了贫困化。分散的组织越多，选择就越多，而从一个失败的地方组织转移到另一个仍然邻近它的替代组织的代价也就越小。

想象一下，在半径20千米的范围内有一所大型学校，里面一共有2500名学生。或者，在同一地区内有十所小型学校，每所各有250名学生。这两类学校的组织方式肯定是完全不同的：大型学校必然会有许多的管理层级，而这些层级在小型学校的网络中则是不存在的。大型学校必然会创造许多的职能部门，而这些职能部门在小型学校的网络中则由普通的教师兼职。对学生来说，比起一座大型的学校，由若干小型学校所构成的网络看起来没那么令人畏惧。这个网络也许还会产生一些专业化的分支，比如为运动型、音乐型或手巧型的学生所开设的学校，又比如为天资聪颖的学生所开设的学校等，而这一切在那所集中的学校中都是不可能的。另外大型学校还有一个十分严重的缺点是，在集中化系统中，如果这所学校的质量欠佳，那么就几乎没有其他选择了。然而在去集中化系统中，学生们及其家长手中却仍然有九个其他学校可供选择。

171

这个关于学校的例子表明，除了一维的、定义不明确的经济参数，人们还需要同时考虑到其他情况，这样的去集中化系统才能具有经济效益。拆除集中化系统有许多积极作用是显而易见的，我们在本书后文中也将证明这一点。但问题是：为什么我们在最近几十年里没有更多地进行去集中化？

可以肯定的是，在很长一段时间里，巨人主义仍将依靠一群忠实的粉丝而继续下去。只有在主导系统开始动摇的时候，替代方案才会有机会上位。另外，长期以来，在游说者的压力下，经济学家和政策制定者所提供的明智的对抗措施也太少。这种情况甚至发生在了所谓的软性行业[①]中，比如教育行业或医疗行业。但是，去集中化的想法之所以现在才冒头，主要原因在于我们才刚刚开始拥有使之成为可能的技术。

去集中化和缩小规模的触发因素

为什么在未来几十年内可能会更多地进行去集中化，这主要有四个原因，我们把它们叫作"巨人主义革命"的萌芽吧。今天的巨人主义已经达到了前所未有的高度，只有政府和商界共同尽到自己的责任，才有可能使这种现象得到充分地缓解。否则的话，巨人主义将在未来继续造成极大的伤害。

---

① 软性行业在荷兰语中指的是与社会福利有关的工作。——译者注

第六章
更小、更慢、更人性化：向可持续的全球经济迈进

在详细介绍政策措施之前，我想先列出鼓励"缩小规模"和去集中化的其他因素。

技术是小型组织的驱动力

过去，大型的官僚组织喜欢坐落在一个中心地点，因为只有这样，它们的各个部分才能进行快速有效地相互沟通。想想过去的罗马天主教会，又或者皇帝、国王。此外大公司，当然还有政府机构也倾向于采用这种集中的方式。

个人电脑的发明为更多的去集中化行动提供了动力，而后来的互联网和智能手机则成倍地加速了这一进程。天空公司和其他会议工具的进步日新月异，将效率和稳健性结合起来，构成了分散型组织的基础。而技术的另一个优点是，它们不需要被持续控制。

今天的小型组织比过去的大型组织拥有更强的计算和通信能力。大型、笨重的中央官僚机构将不再是灵活、高效的小型组织的对手。

人性化优先

说到底，人们最愿意选择的要么是他们喜欢的东西，要么就是能为他们提供舒适感和安全感的东西。"大"难免会显得不近人情、冷漠而遥远。而"小"则被认为更加温暖和容易接近。如果问问一对夫妇是愿意在又大又冷的教堂里，还是愿意在温馨的小教堂里举行婚礼仪式，那他们通常会很快做出选

择。人们更喜欢那种个人化的、对他们的个性有所照顾的服务，而这一点在大型组织中是很难实现的。为了弥补这一点，集中化总是要提供一些额外的东西，比如更多的商品和服务，以抵消个人化服务的不足；或者更便宜的商品，因为它们的效率更高；要不就是非常特殊的产品，因为，小型的小众商店只能在大城市里才能生存。

会不会是去集中化更接近大众，而集中化则更适合精英阶层呢？是不是一个非常集中的组织更倾向于关注自我，而一个分散的组织则会更加照顾到人群、个体及雇员呢？

"大"的失败

"做大"似乎就要触到它的极限了。在金融行业，大银行勉强挺过了几次心肌梗死，像德意志银行这样的巨型机构仍在努力承受着自己的重量。中央银行不得不越来越频繁地进行干预。它们过去本来是很少自己下场干预的，后来频率逐渐增多，再然后干脆每隔几个月就会来上一次了。而到了今天，为了维持系统的看似稳定，中央银行已然成为不可或缺的日内交易商。

去集中化在某些行业中已经开始了。互联网在技术上已经部分做到了这一点。能源部门正在逐渐从大型集中式生产转向智能互联的分散式生产系统。

在政治领域，"大"也不再是唯一的正确答案。欧盟的规模似乎已经接近极限，而随着英国脱欧，它第一次向另一个方

第六章
更小、更慢、更人性化：向可持续的全球经济迈进

向迈出了一步。美国还能不能保持住它的大块头身材现在也是一个问题。华盛顿和总统的中央权力对加利福尼亚等州的控制力已经越来越小。

或迟或早，"做大"总会达到它的极限，当扩张不再可能时，收缩将会突然成为新的动力，迅速获得动量。这一点苏联已经教过我们了。在公司里你也能看到同样的运动，例子之一就是通用电气公司遭遇的麻烦。多年来，这家活跃在技术、电子和服务领域里的美国企业集团一直是一个巨人，拥有杰克·韦尔奇（Jack Welch）和杰弗里·伊梅尔特（Jeffrey Immelt）这样的、在管理类畅销书中写下了自己成功公式的所谓"超人首席执行官"。但很显然，他们的成功秘诀并不十分持久。今天，曾经不可一世的通用电气公司已经萎缩了，被巨大的债务所拖累，缺乏前瞻性的战略，而且最重要的是，完全缺乏机动性。

这似乎是一个悖论：公司越来越大，但与此同时，近几十年来企业的平均寿命却在缩短（见图6-1）。在过去，非常大型的集团公司（例如，那些被包括在标准普尔500指数中的上市公司）很容易就可以达到60年以上的寿命。而今天我们却看到，企业寿命已经急剧下降，如今的平均值只有不到10年了。破坏性创新也使大公司变得脆弱了。老大哥们正越来越多地被快速增长的新兴巨头们挤走。适者生存法则仍然适用，尽管前10名的位置似乎比接下来的490名都要更加稳固……

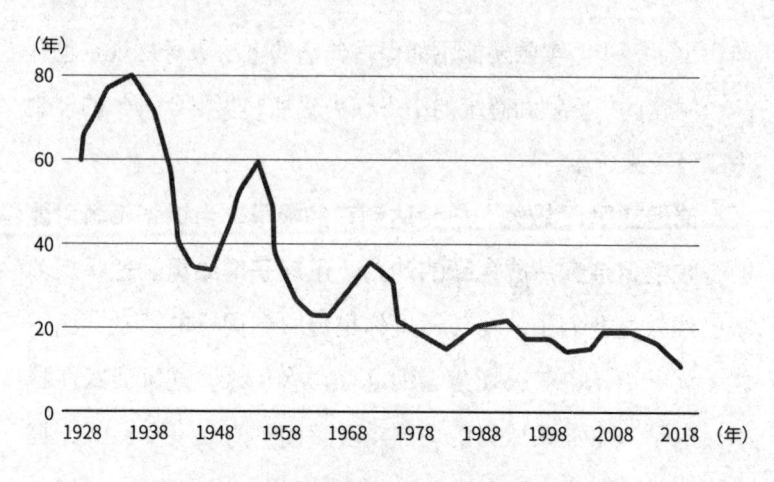

图 6-1　标准普尔指数的平均公司寿命缩短了

来源：标准普尔（S&P）、德勤（Deloitte）、移位指数。

不仅是公司，其他大型组织也面临着达到极限并因此变得脆弱的风险。对欧盟来说，最大的恐慌是另一些成员国也开始步英国脱欧的后尘。在一个大群体中，总是难免有人嘀嘀咕咕。如果英国能达成较好的脱欧协议，它可能会激励其他具有类似特征的国家开出同样的条件。为什么在这片大陆上有那么多关于这次脱欧后果的"恐怖传说"，这可能就是原因所在。离别确实让人痛苦，正如英国脱欧所表明的那样。但有时这就是一个民族、一个组织的一部分，或者仅仅是一些人愿意为获得更多的个性、自主性而付出的代价。而所有这一切都是他们在大型的、集中管理的组织中再也无法找到的。

今天，这种"反面的"声音很快就会被视为民粹主义进而被打入冷宫。其实，连这也是几十年来巨人主义带来的后果之

第六章
更小、更慢、更人性化：向可持续的全球经济迈进

一。然而，我仍然预测小型化和自主化的趋势并不会停止。

假以时日，我们将在企业巨头中看到同样的趋势，它或者由创新、创业精神所驱动，又或者仅仅是顺应监管机构要求的结果。

稳健性

互联网是一个卓越的去中心化系统。美国军方是它的早期开发者之一，以确保其技术基础设施更加强健。在一些国家中也可以看到同样的稳健性和高性能。例如，瑞士总是在最具竞争力的国家名单中名列前茅，而且在可持续性、公众信心和稳定性方面的得分也很高。瑞士之所以能做到这一点，主要是因为它的政策和组织的集中化程度较低，权力高度分散。各州和市镇拥有许多权力，而这些权力在其他国家中是被集中管理的。

纳西姆·尼古拉斯·塔勒布是去集中化的倡导者，因为去集中化是一种强有力的管理形式，同时也是"反脆弱"的。随着受到更多压力，分散的社会和公司也会因此变得更加强大。压力会扩散到整个网络，因而不必让主系统独木难支。塔勒布并不介意发表惊世骇俗的言论。2016年，他在推特上写下这样的文字："去集中化是说客的噩梦"。如果你正在读我的这本书，你会完全理解他这样说的理由。

忠诚度

最后，集中化系统往往以权力结构为基础，而去集中化系统的结构则是由忠诚度浇筑的。经济学家总是过于关注那些可衡量的因素——如国内生产总值、公司利润或者员工工资，而低估了那些更加柔软的、不容易衡量的因素——比如信任、幸福和忠诚。

这一点在大公司也同样适用。在富通集团倒闭的前夕，其内部的忠诚度有多强呢？这家银行/保险公司的发展太迅速了，以至于员工们从来就没有感觉到自己是富通集团的一分子，反倒仍然是比利时通用银行、AG Insurance、ASLK或NMKN（在很长一段时间里它都是一家政府银行）、Amev（一家荷兰保险公司）、VSB、ASR，或者私人银行MeesPierson[①]的一分子。如果你跟它们的工作人员通电话，这些人仍然会自称为通用银行的职员或者ALSK公司的职员。与之相对的是，"富通集团"这个概念则是由远离一线的管理层提出来的。在过去的25年里，许多公司都涌现出了类似的现象：**兼并创造出了"人为一致"的集团，但它们的内部看起来却非常多样化**。员工对收购方的忠诚度要低于他们最初工作的公司，对客户来说情况也一模一样。拜这种扩张所赐，就连股东也对公司没有什么忠诚度了。一切都以钱为中心，与员工或客户的联系则退居

---

① 这里提到的所有名字都是富通集团发展历史上收购或兼并过的金融机构的名称。——译者注

到了次要的位置。

拥有忠诚客户的公司要比那些用临时促销特技来引诱客户的企业更加强大。同样的，忠诚的员工或忠诚的股东在患难时期会表现得非常不同：毕竟，分享成功很容易，但出于忠诚而为公司奋斗，从长远来看却可以创造出更多的价值。三重忠诚（股东、客户和员工）是非常罕见的，但它构成的却是牢固的三重结构。

巨人主义并不是不可逆转的

上文述及的去集中化的力量使巨人主义变得虚弱了。在这种虚弱的时刻，其他的巨人主义脱轨现象便会把杠杆推向另一个方向。它们可能会因为自己的重量而窒息。举例来说，巨大的债务负担就是这样的一个加重因素。同样地，缺乏创新也能够成为巨人主义迅速崩溃的原因。

意识到改变是必要的，但却为时已晚——这样的跨国公司名单有很长。数码相机技术在柯达的待办事项里已经搁置了很长一段时间了，但它想的却是如何尽量久地榨取其旧的模拟技术。多年以来，诺基亚在移动电话领域都有很大的领先优势。其中一个原因是，在20世纪90年代，芬兰人没有发展固定线路电话，而是立即实施了一项新的技术。在2000年的时候，诺基亚已经是全球最大的公司之一，然而它却完全错过了向智能手机的转型。在很长一段时间内,这家芬兰公司都坚信苹果的 iPhone 手机将不过是一个小众产品而已。然而在 iPhone 推出五年后,诺基亚 92% 的市值化为了乌有。加拿大的黑莓公司最初的名字叫作 Research in Motion（意即"研究在行动",简称为 RIM）。靠着其成功的技术,这家公司不但长期一招鲜吃遍天,而且还低估了创新的力量和用户不断变化的期望。尽管黑莓设备比第一批移动电话更加智能,在商务人士中尤其受到青睐,但它的制造者们却没有意识到,手机的功能将会成倍增加,智能手机将不再是商务人士专属的小玩意,而是会令所有人都感兴趣的必需品。然后苹果的 iPhone 就出现了,一下子就将黑莓置于死地。所有这些公司在刚开始的时候都是小型的创新型组织,沟通可以以非常快的速度进行。但随着它们变得越来越成功,却也变得越来越笨重。它们的灵活性因此而下降,信息到达中央管理层不是速度太慢,就是不完整,从而为许多问题埋下了隐患。

这是巨头们要面对的基本问题之一:**从底部发生的变化要比从顶部发生的变化速度更快**。巨头们被自下而上的过程所削弱,而它们对此过程做出的回应却不够迅速和有力。

比起口味的变化或者成千上万微型酒厂突然涌现出来的危险,啤酒巨头们其实并不特别害怕来自彼此之间的竞争（比如喜力对百威英博）。而"印度淡色艾尔"——即那种来自小型手工酿酒厂的时尚特色啤酒,在生产过程中使用的啤酒花更多,对巨型酿酒商构成的威胁反倒比竞争对手推出的新口味啤

第六章
更小、更慢、更人性化：向可持续的全球经济迈进

酒或者（暂时的）价格战要大得多。啤酒巨头的弱点只有在那种时候才会显现出来，比如负债率太高，又比如首席执行官太过自负。后者对许多大公司来说都是一种威胁，此类独断专行的文化是催生阿尔法男性[①]以及自负情绪最理想的温床。

2008 年的时候，我们在银行业中已经见识到了太多的不可一世。而今天，随着对金融危机的记忆逐渐变得模糊，同样的狂妄自大又再次卷土重来。尽管德意志银行挺过了 2008 年的金融海啸，但穿着昂贵的定制西装、拥有极大的权力和声望的阿尔法男性文化却仍然留在原地。正如我所说过的那样，失败的巨头们并不会简单地倒下，反倒往往会因为它们的规模而被认为"大到不能倒"，这实在是憾事一桩。让鲁莽的银行倒下，从而为可持续发展的银行让路，这对于整个银行业来说要健康得多。但事与愿违，被摆上台面的却是让德意志银行与德国第二大金融机构德国商业银行合并的方案。通过扩大问题来解决问题是一种注定要失败的策略。

去全球化

英国脱欧并不是突然凭空出现的。一路做大走强的组织到

[①] 阿尔法男性：指那些在群体中游刃有余、一切尽在掌握之中的领袖型男性。——编者注

了一定的时候就会遇到此类风险：它其中的某些部分会疏远整个大实体。在本书前面的章节中，我提到了欧洲歌唱大赛的例子：最初，那不过是一个由或多或少具有相同音乐品味和文化的国家所组成的小型俱乐部而已。然而，如今的歌唱比赛却已经发展成了一个没有特定形式的，而且据许多人说也是没有品位的音乐活动，各国在亚文化[①]中彼此结成联盟并选出一个冠军。原本的核心俱乐部功能感觉越来越无人问津了。

英国是一个贸易国家，一个自由的经济国家，它在自己的联合王国内去集中化程度很高。英国感兴趣的一直都是贸易的部分，而对欧盟早先想要建立的政治联盟则没什么兴致。对部分英国人来说，布鲁塞尔是官僚主义、不思进取、集权主义、挥霍无度的同义词。当然，在欧洲大陆这边，特别是在布鲁塞尔的舒曼广场上，人们就又是另一种想法了。

现在，英国脱欧的精灵已经从瓶子里跑了出来，而大家对其他欧盟国家会效仿英国的担心也在与日俱增。截止到本书出版时[②]，英国脱欧的结果尚不明确。但是，既然英国已经明确表示要离婚——并且为此已经吵闹了很久，那么它与欧盟继续彼此婚姻誓言的时间便不会太长。由于观念上的根本分歧，这

---

① 亚文化可以体现为某些特定年龄、特定人群、特定身份、特定生活圈子和生活状态的特定文化形式、内容和价值观。——译者注
② 本书原版于2019年出版，英国已于2020年1月31日正式脱离欧盟。——编者注

第六章
更小、更慢、更人性化：向可持续的全球经济迈进

对夫妇很快就会再一次陷入争吵。而且，一场策略婚姻也很难会产生充满激情的、能够长期吸引英国人民的魅力。历史已经证明，国家之间的盟约从来就不是永恒不变的。

不言而喻，新的合作联盟仍然会形成。欧洲、欧元区、欧洲自由贸易联盟、申根区、欧盟，所有这些国家集团的组成每一次都不同，但这并不是问题。在未来的几十年里，一些国家会想要离开欧元区或欧盟，而另一些国家则会乐意加入，两边的可能性都很高。这并不是什么经济戏码，自然也不意味着世界末日。

1992年，在美籍匈牙利裔投机者、亿万富翁乔治·索罗斯（Georges Soros）[40]的压力下，英国离开了欧洲货币体系，即欧元区的前身。具有讽刺意味的是，今天的索罗斯以及他的开放社会基金会走的却是非常亲欧的路线。假如英国人在1992年可以得到德国联邦银行和欧洲大陆其他国家的更多支持的话，他们离开欧洲货币体系的方式就会有序得多，甚至还有可能会留在其中。[41]

当时也有舆论界人士预测，英国将在经济上落后于欧盟，而伦敦将失去其前沿经济角色。但这一预测完全没有变成事实：伦敦的国际金融中心地位变得愈发重要，在其他服务领域的多样化发展程度也愈发加深，而在这些方面，法兰克福和巴黎则不够成功。

欧洲小国也在关注着它们的未来及其在欧盟内部的地位——现在它们将受到其中两个大国的支配。与七个主要来自

北欧的国家一起，荷兰签署了汉萨同盟，这与来自大致相同地区的、中世纪贸易城市之间的同名伙伴关系相类似。该联盟是英国脱欧的直接后果：这八个小国家担心，如今（更加自由的）作为平衡点的英国即将消失，而德国和法国将无法继续维持彼此间的平衡。

欧元区也尝到了扩张过快的苦果。希腊于2001年1月1日被允许加入欧元区，这主要是出于政治考量——它是通往东方的门户和北约的成员——而非经济原因。其实这个国家不符合入盟标准，但这话也适用于比利时等国，它们也同样不符合入盟标准。欧元区的潜在目标是成长为一股能够制衡美元的力量，从而使欧元迅速变得与美国货币巨头一样强大。

欧盟和欧元区这两个群体被建立的初衷是为了参与全球化：即大公司和大型权力集团之间的全球规模的国际贸易。但如果仅仅是以贸易为动机，那么欧盟的扩张绝不会如此迅速。所以说，地缘政治方面的动机也起到了（而且仍然在起着）作用。欧洲向东方的扩张必须达到制衡俄罗斯的目的，并且还要将东欧国家与布鲁塞尔联系起来。与此同时，这些国家得到的承诺是，它们的经济体将与西方水平接轨，而欧洲资金则将会被大量注入它们的基础设施和经济当中。

中国已经从根本上改变了世界的维度，以2001年12月为分野，在那之前和在那之后完全可以说是两个不同的时期。2001年12月11日，中国加入了世界贸易组织，之后一切都改变了。巨人主义在2001年之前和之后看起来也不同。2001

第六章
更小、更慢、更人性化：向可持续的全球经济迈进

年，世界为中国加入世贸组织而高兴，各国公司们看到了巨大的机会。

因此,"去全球化"就是对于巨人主义过度扩张的反应。有一大群人因为自己的声音没有被听到而产生了挫败感，这种挫败感部分地被社会和财政的转移支付压制住了。转移支付在英国的发展程度要逊色得多，于是不满情绪在那里找到了出口，因此脱欧便不是巧合了。

对付这一波去全球化浪潮的方法绝对不在于更多的转移支付，也不在于将更多的权力赋予欧洲或者例如联合国、世贸组织这样的国际机构。我所主张的是一个更加平衡的全球化——全球化2.0版。对全球化的全盘反对无异于把婴儿和洗澡水一起倒掉，因为全球化确实提供了许多不可否认的好处。比如，相互之间有贸易往来的国家不太可能会发生战争。作为一个和平主义者，我相信，如果我们能提供正确的经济激励、让人们相互贸易进而在经济上彼此合作的话，那么许多军事冲突就可以因此避免。

然而，全球化却已经成为大型经济集团之间权力角力的一个重要因素——而这些集团的背后还有着庞大的军事利益和力量。比如欧洲就想要拥有自己的军队，但依我看这并不是在正确的方向上迈出的一步。因此，当前的全球化没有能够实现其目标。中国和美国如今卷入了一场严重的贸易战，而欧洲也受到了波及，这并非巧合。

去集中化不仅为全球化2.0版指明了方向，也是避免去全

球化发生的正途。如果我们敢于解决当前的"过度"问题，那么一个更加平衡的全球化就是可能的。在大多数情况下，全球化的痛点都与一部分人群失去工作和安全感有关，与另一部分人的社会剥削有关，还与每个人都要承担的气候后果有关。此外，人们普遍**还有一种感受，即全球化使少数精英阶层得到了巨大的收益，而世界经济中许多较弱的参与者却因此付出了代价**。精英们则认为，今天我们主要应该打击的是所谓的"民粹主义"，或是假新闻。但这并不像它看起来那么简单，因为民粹主义很难被客观地定义，它是一种政治对手之间经常互相使用的无端指责，而假新闻在当前的互联网时代则很难被禁止和打击。但两者——"民粹主义"和假新闻——都只不过是外在的症状而已，某些模式在追求更大更多的时候已经完全脱轨了，这才是潜在的疾病本身。这不但助长了大部分人的挫折感和恼怒感，反过来又给投机取巧的政客提供了获得权力的机会。

欧盟模式也遇到了问题，因为扩张的速度太快，对辅助性原则的关注又太少。这不仅导致了欧盟内部的紧张关系，也疏远了欧洲最高层的政治家们与成员国民众之间的关系。比如，俄罗斯人或其他社会上传播的有关欧盟的假新闻，很容易被本就已经心怀不满的欧盟公民所接受。然而，反击这种假新闻本身却是一项不可能的任务。所以，更重要的是让欧盟变得更加平衡、腐败更少和效率更高。只有在这样的一个欧盟中，假新闻才不会轻易找到生根发芽的沃土。

城市国家和小型国家是全球化2.0版的未来

就算其中的经济组织脱轨，也改变不了如今全球化的事实。今天的全球化重视的是大型的国家和地区——中国、美国、欧盟、日本。但在未来，它的重点将会转移到大型城市身上。这没有什么新鲜的，纵观历史，城市一直是伟大帝国的重要枢纽。从雅典、斯巴达，到罗马、君士坦丁堡，它们都在一个更大的整体中形成了强大的地方实体。真正有吸引力的并不是帝国，而是城市和人才。

美国作家埃里克·韦纳（Eric Weiner）在他的《天才地理学》(The Geography of Genius)[42]一书中谈到，若想使城市成为吸引人才的磁石，从而升级为经济吸引力和繁荣的灯塔，需要具备五个要素：开放性、反差性、多样性、知识和金融活动。他的核心见解是，发展独创性的关键是对创新的开放态度和对外部人士的开放态度。

那么为什么吸引人才的主要是城市而不是国家呢？想要将韦纳所提出的一些要素扩展到整个国家，与此同时又不想冒国家因此而变得不稳定的风险，是很难做到的。例如，反差性使一个国家难以团结，但在城市环境中却可以发挥它的作用；开放性往往也是典型的城市特征，这是因为，城市之间由河流连接，而更大的整体——国家——则是呈封闭状态的。

迟缓的巨人
"大而不能倒"的反思与人性化转向

因此，我同意印度裔美国科学家、畅销书作家帕拉格·卡纳（Parag Khanna）的观点，他认为主导21世纪的并不是中国或者美国，而是城市。他之所以这样说，是因为在一个缺乏善治的世界里，城市正在成为善治的岛屿。由于诸多原因，例如腐败、良好领导的缺乏等，大型实体（美国、欧盟）的治理愈发不稳定。因此，城市正在成为新的世界秩序的基石。卡纳还强调了关键城市之间的联结作用，他认为联结城市比联结国家要更加容易。**联结就是未来**，而城市则形成了这些联系的枢纽。重要的城市也往往会比国家和古代帝国更长寿。罗马、雅典、开罗和伊斯坦布尔一直都很重要，尽管它们曾经所属的古代帝国早已不复存在了。而且，**这个世界上也不存在没有重要城市的重要国家**。

城市网络是吸引人才以及文化、体育和经济活动的磁石。引起我们注意的是，这里既有数个坐拥数百万居民的大型城市中心，也有一连串较小的城市，后者在彼此之间以及与它们所属的国家之间都具有相对较多的个性和差异。众多城市一直都在为吸引人才而互相竞争，有活力的城市则不断寻找着能够使其更具吸引力的新活动。今天，它们正在寻找金融科技的参与者——为金融业开发技术、创新产品和服务的年轻公司——或者技术行业的初创企业。不久以前，它们的目标还是时尚和创意活动，而在更久之前的目标则是实业家或银行家。城市比国家更加灵活，很快就能成为新趋势中的弄潮儿。所以要成长为一个拥有繁荣城市的国家，不一定非得成为欧盟的成员国，大

第六章
更小、更慢、更人性化：向可持续的全球经济迈进

城市本身就是吸引人才的磁极。

因此，在国家层面上，我们也看到城市的表现比国家实体要好得多，市长更容易成功地将政策勾画成型。原因是什么呢？与国家或欧洲层面的政客相比，城市的市长们更接近他们的居民，并能够更快地感知到其动向。市长的领导力更强，这意味着可以制订出更加确定的路线。由于市长及其执委会的权力是同质化的，所以决策被破坏或拖延的情况就比较少。由于与公民的联系更加紧密，因此所谓的反馈回路，即对已经实施的政策进行快速评估和必要调整的时间就更短。对于新的需求和见解，地方政策也能够做出更加迅速的反应。

并非所有的城市都是成功的，有些仍然停留在无色的中间地带。这其中的原因通常是多方面的。一个城市只有同时在各个方面——比如文化、经济、教育、流动性和休闲性——都表现出色，才算是真正取得了成功。如果一个城市过于片面地只专注于一个领域，它就会在其他领域失利，不但无法成为磁石，反倒会变成一个排斥人才的地方。例如，一个拥有大型金融集群却没有文化吸引力或者强大学术魅力的城市将无法与伦敦竞争，因为后者迄今为止已经成功地成长为一个多元化城市，在文化、体育、学术和历史各个方面都处在一流水平。今天，城市也必须大力投资于现代交通，而且它们还必须直面挑战，以走在可持续发展的前沿。**智能城市是新时代的口号。**

顺便说一下，城市之间的竞争对每个人来说都是有好处的。意大利的罗马、米兰和都灵等城市之间的竞争让它们全都

变得更富有创造力和更加繁荣了。尽管诸如瑞士的日内瓦、苏黎世和巴塞尔城市之间的内部斗争很激烈,但瑞士还是显示出了强大的凝聚力。同样引人注目的是,竞相吸引创业人才的主要是城市,而不是国家。波士顿、柏林、阿姆斯特丹和伦敦都在为吸引金融科技初创企业而竞争,而巴黎、米兰、纽约和东京则在争夺时尚人才。

如果欧洲想要变得更加强大,它需要关注的就不应该只是欧盟本身。它还必须充分利用存在于欧洲各城市之间丰富的多样性,以在全球经济中获得更好的地位。其丰富的历史,再加上对欧洲城市未来的不同愿景,在一个越来越相信"同一性就是未来"的世界中将变得非常有吸引力。**然而我们也必须注意,不能让城市走上巨人主义的老路。**[①] 一个成功的、去集中化的城市国家网络必须允许更多的城市蓬勃发展,而不是让几个特大型城市去组建自己的冠军联赛。正如上文所阐述过的那样,城市有可能变成令人感受不到幸福的地方。因此,对不同的社区和多样性、绿色设施以及空气质量必须要有足够的重视。纽约和伦敦在这方面成绩斐然,它们对高度多样化的社区、流动性计划和宜居城市规划给予了很大的关注。

从各种意义上来讲,城市国家都是在"我们应该形成越来

[①] 如上文所述,巨型城市并不是令人快乐的地方。然而,城市本身不一定对人类健康有害,只有组织不善、"过度"太多以及人口太稠密的城市才是有害的。

越大的区块"的对立面上向前迈出的一步。**大型实体更容易彼此相互碰撞,从而导致严重的冲突。**这也是德国哲学家莱奥波德·科尔(Leopold Kohr)所秉持的信念。科尔经历过两次世界大战,因此他确信国家应当宁小毋大。[43]然而今天,对较小而非较大的政治单位进行开放性思考却变成了禁忌。但正如纳西姆·塔勒布所指出的那样,在面对冲击和破坏时,地方主义的稳健性要高得多。

第七章

通往后巨人主义的步骤之我见

第七章
通往后巨人主义的步骤之我见

▌游戏规则和仲裁者 ▌

地球上的一小群人坐拥数百亿美元身家,而其他的数十亿人却只有区区几十美元,这并不是经济体系的自然规律,却是游戏规则所造成的后果。这些游戏规则决定着整个系统,并在一轮又一轮的洗牌之后决定了游戏的结果。绝大多数人在目前的经济体系中被压迫的事实,便是受规模扩大和一元化经济思维的影响。改变一些游戏规则,经济将会更多地在以人为本的基础上运行。

当今,游戏规则的设计是以刺激"做大"为目的的。然而以往的规则并非一贯如此。正如前文中曾详细描述的那样,是当今的许多刺激因素助长了经济结构的生长,鼓励它们形成更大的整体。所以只要改变激励机制,经济的表现就会有所不同。

我们要考虑的根本性的问题是,什么才应该是经济游戏的基本价值呢?**可持续性必须是游戏的基本规则。**这意味着游戏在不同代际间是中立的,不会造成社会的扭曲。此外,巨人主义给环境带来了不必要的负担，这样的后果主要是由不平衡的全球化造成的：货物被运输到世界各地，从而发展出了巨大的物流网络，却没有被相应地收取环境成本。相比之下，**本地生产对环境的破坏则小得多，而且还会产生积极的社会效应。**

只有当裁判员不要总是干预或停止"游戏"时，游戏才可能是平衡的。西方的经济体们正日益成为计划经济。中央计划机构的角色是由中央银行来扮演的，它是独立的，但不是中立的。它之所以拥有这种独立性，是因为要在特殊情况下进行干预。但如今，它却像日间交易商一样操纵着市场，根本就谈不上什么中立了：**当仲裁者成为玩家时，游戏便会因他而扭曲。**

为了使经济更加平衡，我认为需要改变的并不仅仅是游戏规则。仲裁者的行为和玩家参与的条件也必须随之调整。

仲裁者

1. 西方世界应减少中央银行的干预主义

自从艾伦·格林斯潘（Alan Greenspan）于1987年成为美国中央银行（即美国联邦储备委员会，简称美联储）主席以来，美国中央银行的行为就已经完全改变了。以前，中央银行家们只在紧急情况下才出面对经济进行干预，这种情况在格林斯潘时期发生了变化。他的干预主义始于1987年，并且在世纪之交前的数年间变本加厉，鼓励了经济泡沫和鲁莽行为。1998年美联储对诺贝尔奖得主迈伦·舒尔兹（Myron Scholes）和罗伯特·C.默顿（Robert C. Merton）经营的杠杆基金长期资本管理公司的拯救，给人造成了这样一种感觉：只要一出现市场恐慌，联邦储备委员会就会出手进行干预。其结果是，金融市场的大玩家越来越多地进行冒险行为。更有甚者，那些冒险最多的人也从中获得了最大的收益。

只有当中央银行减少干预，让金融市场更多地发挥其自身的作用时，经济才有可能向着更加平衡、更可持续的方向进化。那些冒险过多并因此而失败的玩家需要被挤出经济领域，为更加谨慎和负责的玩家腾出空间。

中央银行需要让市场更多地自主运行。这样做的话，公司就不太会利用杠杆（主要是债务）使自己达到自然生长所达不到的规模。中央银行是货币兴奋剂的经销商，使用这种兴奋剂的人主要是最大的游戏参与者，因为其他人根本就够不着经销商的圈子。事实上，中小企业获得这种贷款的机会要小得多，而且条件也肯定不可能同样廉价。

2. 拒绝"大到不能倒"

失败的大型组织应当被有序地解散，任何组织都不应该"大到不能倒"。如果这种情况还是发生了，政府就应当在该企业破产的基础上将其国有化。在2008年，被救助的主要是欧洲大国的大型银行。在较小的欧盟国家里，金融机构不得不进行大幅瘦身，例如荷兰国际集团、比利时联合银行、富通集团和德克夏银行，而法国、德国、意大利和西班牙的大银行却得到了更加宽松的待遇。因此，欧洲的银行业仍然是不健康的。欧洲的利率仍然很低，这刺激出了过高的债务。政府不情愿见到大银行被拆解，成为长久困扰欧洲经济的问题。这类机构有时被称为"僵尸银行"，因为它们虽然还活着，但却已经失去了机能。

我们过去在其他行业中也看到过同样的行为：钢铁公司、汽车制造商和造船厂靠着政府续命，维持了太长的时间。如果一棵大树倒下，它会让数百种较小的植物得到光照和营养。因此裁判员不应该被一个大球员吓倒，如果该球员到了必须下场的时候，那就让他下场吧，就算他是球星梅西也一样。

3. 辅助性原则：在可能的情况下下放权力

欧洲联盟是建立在辅助性原则之上的组织。即便如此，这一原则却并不那么为人所知。辅助性意味着决策应该在尽可能低的级别上进行（即尽可能接近公民）。如果某个决定在市级、州级或省级做出会更好的话，那么这个级别就是正确的选择。

大型的集团公司更喜欢集中决策，因为这样的话它们就能够施加更多的控制。大政府和大公司之间更容易谈得来，而这正是为什么辅助性原则很重要的原因：有了它，游戏规则才能保持对大公司和小公司都同样公平。因此，为了使比赛能够更加民主和可持续，如果你有权选择本地裁判或者国际裁判的话，那么你最好选择前者。

游戏规则

4. 堵住后门，在国际上提高企业税，不在跨国企业和中小企业之间搞税收差别待遇

过去四十年来，可以说企业税走的是一条漫长的下坡路。尤其是大公司，它们享受到了越来越低的税率。这其中部分的原因在于那些旨在将这些大型集团公司吸引到某个地方的"国际选美比赛"。一方面，大型跨国企业有大把的专家和顾问，可以帮助它们找到通向最低税率的途径；而另一方面，小型公司和地方公司却无法利用这些税收捷径，因此它们通常都要全额支付税款。唯有国际合作以及公司的所有利益相关者都秉承富有道德的态度，才能消除大与小之间的差异，以及那些许多专为跨国企业而敞开的后门。

仲裁者也必须足够硬气，把作弊的人驱逐出去。近年来，大银行中有许多游戏参加者被指控组织了税务欺诈活动。通常而言，这种情况本来应该使他们被红牌罚下并被禁赛数年，但如果大玩家从裁判那里得到的却是税收减免政策甚至是优惠待遇的话，那么游戏就永远不可能公平。

5. 收紧反垄断法

资本主义的游戏已经退化成为卡特尔、寡头垄断者、近乎垄断者以及行会[44]的游戏，有着各种各样的进入壁垒，例如质量、安全和往往不必要的培训。事实上，与其说这是资本主义，还不如说是这一种有组织的、保护既得利益或者寻租[45]的形式。

因此，为了使经济游戏能够更加公平地继续下去，仲裁者必须使用更加严格的反垄断规则。而且这不应该只在一个地区进行，而是应该在所有地区同时进行。否则，公平游戏的国家永远赢不了作弊的国家。

6. 禁止巨头公司的收购行为

现在，某些足球巨头旗下的球员已经多到了足够组建三支甲级球队的程度。这不但毁掉了富有创造性的人才，更主要的是把竞争变小了。潜在的竞争对手永远不可能上升到它们的水平，从而对其构成真正的威胁。而出于同样的原因，有前途的小型科技企业还没成长到能够对科技巨头构成实质性威胁的时候，就已经被科技巨头们收购了。换句话说，兼并和收购行为已然成为一个既限制竞争又限制创新的因素。

国际足联和欧足联正在努力制定足球转会的公平竞争规则，并监督各足球俱乐部保持财务健康（例如，太多的债务是不被允许的）。国际机构和国家政府也应当以此为榜样，阻止大企业随意收购有前途的小公司。在今天的金融文化中，禁止兼并和收购听起来可能会很疯狂。但是，只要我们看看最近的并购交易的数量和规模，就不得不得出这样的结论：真正疯狂的其实是目前的购买狂潮本身——用英文来说就是"buying frenzy"。

当然，这样的措施不太可能很快就一路绿灯，来自大集团公司的游说及其顾问们（他们从这种交易中赚了很多钱）将尽其所能地阻止这种法律的通过。只要看到有多少高盛和其他投资银行的故交现在是政府、游说组织和国际机构的一员，你就知道这条道路仍然漫长。但这却是我们必须要走的路，只有这样，经济才能再次回到健康、平衡的状态。

7. 对国际运输征收二氧化碳税

这是我十几年来十分中意的话题，我在《经济休克》一书中也曾提到过：我们应该对全球物流网络的外部成本征收公平的环境税。我所说的"外部成本"是指环境破坏、安全风险，以及在全球范围内运输货物和服务所造成的负面社会后果。请注意，我并不是在呼吁停止全球化，也不是要加入反全球化的行列。然而我认为，在强化国际贸易和合作这盘大棋上，征收环境税的确是一枚必要的棋子。

如果国际运输网络是免费的，那么经济上的优化就是唯一的问题。如果把其他的外部成本也算进去的话，考虑到社会和生态方面的成本和机会，我们仍然需要在经济上进行优化。那么结果之一是本地生产会因此获得更多机会，因为如果把这些成本包括进来的话，本地产品就变得更有竞争力了。另一个结果是，一些行业将不再只由活跃在全球范围内的大型企业所主导，当地的多样性会得到蓬勃发展，再次获得成长和壮大的机会。最后，这样的环境税也会遏制物流业内的巨人主义。也许这将会导致更多以人为本的物流网络的兴起，它们的规模更小，也更加分散。

虽然我对二氧化碳税的想法主要是针对巨人主义的深远影响有感而发的，但我对气候的关注也在其中起到了重要作用。我对2015年在巴黎签署的气候协议一贯持批评态度，因为它没有规定对国际运输活动征收二氧化碳税。毕竟，如果不对国际物流造成的巨大污染征税，减少二氧化碳排放就是一纸空文。

游戏参加者

8. 接受社会规则

如果球员自己身上都缺乏这种可持续的态度或者根本就不接受它，那么任何游戏都将是不可持续的。经济学家对国际贸易的看法非常理论化和机械化，事实上国际贸易对于所有的游戏参加者来说都是积极且多多益善的。经济学家在模型中总是提到比较优势，然而我们没有被告知的是，他们无一例外地假定所有玩家都接受的是同样的规则。这些规则并不单纯是经济性的，也是社会性的。在今天的全球经济中，童工、对雇员的剥削，以及其他的社会虐待行为可谓俯拾皆是，而我们却对其视而不见，因为我们自认为正处于过渡时期。

如果一个国家或公司没有达到最低限度的社会标准，那么它就不可以参与国际经济游戏。否则，遵守社会规则的国家便会发现，自己相对于放肆妄为的国家而言正处于不利的竞争地位。最终，作弊的玩家将会把公平的玩家彻底赶出游戏。所以，一个基于公平竞争的游戏绝不可能以此为目的。

9. 排除或长期暂停作弊者的参与资格

任何游戏想要顺利进行下去，人们都必须要敢于排除作弊者。然而，在经济游戏中大家却往往没有这个胆量，其原因是多方面的：游戏规则有时过于模糊、不够严格；不是没有仲裁者，就是他们往往既当裁判又当球员。而最严重的是：作弊者自己就是大玩家，并且显得不可一世。

所以惩罚通常较轻，或者根本就不被宣布或适用。造成这一现象的原因之一是国际贸易自带光环：它"永远是好的""最重要的是，永远不要阻碍它"。正如前文所讲的那样，经济学家在这个问题上出了错，因为他们没有将其他的因素也计算进来。

因此，虽然游戏参加者仍旧遵守着严格的经济游戏规则，例如不搞价格限制协议、不进行激进的倾销，或者遵守当地的经济立法等，但所有那些并非纯经济性质的规则却都被简单粗暴地践踏了。

美国不遵守《巴黎气候协定》(*The Paris Agreement*)。美国公司可以在所有的国家大肆收购，但在反方向的并购中，保护国家安全的理由很快就会被援引。欧洲也远非圣贤，例如非洲生产商不被允许将它们的食品进口到欧洲——据说是出于质量的原因。俄罗斯寡头的商业道德与西方企业不同，但却不可能对它们采取什么行动。巴西以优化农业的目的破坏了亚马孙雨林，却没有受到任何贸易制裁。

国际贸易必须留给公平的游戏参加者——包括国家和公司。这与保护主义无关，反倒与保护可持续性有关：大到对整个星球，小到对当地的居民，这样做都是有利的。如果我们想要保护人类、社区以及地球不受舞弊之苦，我们就必须让标准更加严格，并且更加严厉地处理违规者。

10. 游戏参加者、仲裁者和游戏规则制定者之间的距离

裙带资本主义一词代表了这样的一种经济：成功或失败不是冒险、创新、创业精神的结果，而主要是企业与政治阶层的关系的结果。在几乎所有的资本主义国家里，这种朋友圈式的资本主义现在都拥有了成为问题的潜质。而且，这种关系往往已经紧密到了没有人再去质疑它们的程度。

我们以"旋转门政治"为例来解释一下。这个词指的是高阶的政治家在其政治任期结束后会进入商业世界第一梯队

第七章
通往后巨人主义的步骤之我见

的做法。德国前总理施罗德在结束其政治生涯后，不仅在俄罗斯天然气工业股份公司中获得了高级职位，还进入了瑞士投资银行罗斯柴尔德的董事会。欧盟委员会前主席若泽·曼努埃尔·巴罗佐（José Manuel Barroso）迅速转型进入了高盛投资银行。而荷兰前欧盟竞争事务专员内莉·克鲁斯（Neelie Kroes）则成为叫车公司优步重要的咨询委员会负责人，以及美银美林集团的特别顾问。

当然，政治和私人生活之间的职业变动并不一定是坏事，但是它们的确会导致利益冲突：关于哪些地方没有什么管制，成为偷猎者的前林务员显然了解得更清楚（这里并不是说私人公司都是偷猎者）。对此，至少12个月的冷却期会有很大帮助，但就算过了这个期限，一些职位也仍然应当被列入禁区。最好的做法是事先就关于这一点达成明确的协议。

另一个例子是政治家和高层管理者齐聚一堂的众多峰会。这些活动大多都是地方企业家或者小型跨国公司的首席执行官们无法企及的。瑞士达沃斯的世界经济论坛是最著名的例子之一，还有圈子更小的比尔德伯格会议。在贸易代表团中，政治和商业生活之间的交集也非常深厚。而那些由各种游说团体组织的众多活动就更不必说了，政界和商界的巨头都喜欢在其中抛头露面。

这本身倒并不是坏事，见解的交流对双方甚至还可能大有裨益。然而，这种会面还是暗藏着很大的危险：一个主要由最大公司的首席执行官和有影响力的政策制定者组成的精英俱乐部

205

就此诞生了。因为他们只与部分的经济世界进行过片面的接触，所以这些人的世界观必将大为扭曲。而游说则总是近在咫尺。

众所周知，2017年的达沃斯峰会对2018年在马拉喀什签署的《全球移民契约》（*Migratieakkoorden*）产生了重大影响。[46] 在确保有足够的廉价劳动力供应方面，大公司们有着巨大的利益。当然，达沃斯世界经济论坛始终都是无障碍国际贸易的伟大倡导者。**但同时，瑞士阿尔卑斯山的泡沫也创造了一种人为的气氛，它让政治家们相信，所有通过达沃斯测试的经济措施都必然会自动对每个人都有利。**

因此，我主张在政治家和首席执行官之间保持更远距离，至少要对这些接触进行更好的治理。达沃斯的演讲越来越多地被公开关注，我们几乎不费吹灰之力就能找到参与者的名单。其重点是：在一小群大公司和一小群（成员经常变化的）关键的政策制定者之间，彼此互利的密切联系形成了。如果没有一年一度的达沃斯世界经济论坛，所有这些大型的跨国公司高管人员便不可能在当年内就与新当选的总统进行接触，所以这个论坛并不像它看起来的那么无辜。在瑞士冬季度假胜地举行的峰会自然会有精彩的日程，包括几十场有趣的演讲和辩论。这个日程构成了许多顶级领导人动身前往阿尔卑斯山的最佳理由，然而，对于这些大人物而言，重要的并不是内容，而是优越的人脉关系和由此产生影响的可能性。这也正是巨头公司所追求的，同时也解释了在达沃斯停留短短几天，费用就如此不菲的原因。

达沃斯论坛：排他性的价格[47]

某种东西的价格定得越贵，那么它的排他性就越高。达沃斯论坛可谓是深谙此道。几年前，《纽约时报》对在这个山区进行几天社交活动的价格进行了计算。[48]

- 首先是世界经济论坛的强制性年度会员资格：在2011年，这样一张会员卡的价格是5.2万美元。所谓的"行业伙伴"需要支付26.3万美元，而"战略合作伙伴"的头衔叫价则高达52.7万美元。每个会员级别会被赋予不同的特权。
- 接下来是会议本身的入场券的价格，在2011年，这笔费用为1.9万美元起（未含税）。
- 如果你想参加私人会议（也就是真正的独家会面的场合）你首先必须得成为"准行业伙伴"：这个资格每年需要13.7万美元。
- 任何人要是想带个同事一起来，首先必须得成为行业伙伴，也就是要升级会员资格到26.3万美元的那种。当然，这位同事也得支付1.9万美元的入场费。
- 如果你想带进来的同事是一群而不是一个人，你就需要成为战略合作伙伴（52.7万美元）了。此外，你还得购买五张入场券，每张要价1.9万美元。且被邀请的五位同事中至少还得有一位女性。

只有世界上250家最大的公司才有可能成为战略合作伙伴。当然，这个头衔给你的只不过是进入达沃斯和参加会议的权力而已，许多其他的费用还没算进来呢。这个冬季度假胜地无论何时都非常昂贵，但是在会议周期内，那里的酒店对凡夫俗子来说就更加负担不起了。就连最小的房间，预订一晚的价格也得超过500美元。要是你将目标锁定在山间木屋上，那么你就最好预留出15万美元的资金，以备一周之需。

这样一来，为了能进入每年的世界经济论坛，你发票上的金额轻轻松松地就会高达上百万美元。当然了，这些公司之所以每年都拿出这样一笔钱，可能的确与演讲的内容有关，但因为如今普通人也可以免费关注这些讲座，人们怀疑这背后的动机也与其他的事情有关。

比尔德伯格会议的排他性和保密性更强。它们将来自商业世界的精英团体与一些来自政界和有影响力的政策组织的领导人聚集在一起，这事实上是在民主可以接受的边缘上玩平衡术。这种密室政治为反全球主义者、黄马甲或者其他运动团体的抗议活动创造了理想的温床。

达沃斯论坛、比尔德伯格会议以及其他由这个世界上的高盛们或罗斯柴尔德家族们所创建的类似俱乐部都足以扭曲世界经济游戏规则。如果那些精英、媒体和民主组织意识到这一点的话，那就太好了。

第七章
通往后巨人主义的步骤之我见

从资本家手中拯救世界经济

政策制定者对上述的解决方案进行一些思考并不会有什么害处。但是，如果我必须对这些提案排个顺序，看看哪些会产生最大的影响，那么这个顺序会有些许不同（见表7-1）。假设世界领导人请我来改革这个经济游戏的话，我将从哪里开始呢？上文提出的各项措施的可行性又如何呢？

表7-1 后巨人主义是可行的，一步一步来吧

步骤	措施	对巨人主义的影响	可行性
5	收紧反垄断法	1	+
10	终止商业和政治之间过于密切的联系	2	+
7	对国际运输（海运和航空）活动征收全球二氧化碳税	3	+
3	辅助性原则：在可能的情况下下放权力	4	+
6	禁止巨头公司的收购行为	5	–
2	拒绝"大到不能倒"	6	=
4	堵住后门，在国际上提高企业税，不在跨国企业和中小企业之间搞税收差别待遇	7	+
1	西方世界应减少中央银行的干预措施	8	–
8	接受社会规则	9	=
9	排除或长期暂停作弊者的参与资格	10	–

来源：作者自己的分析。

我个人心目中紧迫性最高的措施前三名如下：

- 收紧反垄断措施。
- 终止商业和政治之间过于密切的联系（"裙带资本主义"）。
- 对国际运输（海运和航空）活动征收全球二氧化碳税。

这三项措施不仅会对巨人主义产生影响，也会对社会和环境产生非常巨大的影响。如果我们想拯救资本主义，并终结当前滥用资本主义规则的情况，那么这三项措施就刻不容缓。

这并不是说其他措施就不重要了，但如果我们想要立竿见影的话，那么就最好从最大的杠杆开始。

我多么希望能够在达沃斯的世界经济论坛上或者在某一次比尔德伯格会议上向大家介绍这份清单啊！然而，我能够在那里传递这一信息的机会实际上非常渺茫。真正的问题是，巨头们是否意识到了它们自己就是造成不稳定的原因？中央银行是否意识到它们正在扭曲经济游戏，就好像大富翁游戏中那个只管派发金钱的老好人银行家角色？经合组织、国际货币基金组织和各国政府是否意识到，允许税务和金融系统有后门存在，保护的主要是金融海盗？政治家和商业领袖们是否意识到，黄马甲们和反全球化分子们的挫折感（以及最终那些无谓的攻击性行为）其根源在于没有遵守或者缺乏公平的游戏规则？

第七章
通往后巨人主义的步骤之我见

有些人可能会提出，正是欧洲冠军联赛为我们提供了本来无缘得见的奇观。这不禁让人联想到兰斯·阿姆斯特朗（Lance Armstrong）。这位服用了混合有促红细胞生成素、睾固酮、其他皮质类固醇以及甾体禁药的超级明星，与其他大多数也服用了相同兴奋剂的自行车运动员进行了一场壮观的战斗。

是的，要不是因为所有的顶级球员都被有限的几个俱乐部抓在手里，足球运动可能就不会那么亮眼。但这正是我们必须要评估的问题：奇观能否以重大的社会后果为代价？这是道德和社会层面的抉择。我个人相信，过去的奇观是不一样的，它更多地建立在兴奋感和参与感之上。而在今天的足球比赛中，球员们却总是让我想起某种电脑游戏中的人物。

要选哪一个答案对我来说简单得很，因为我知道没有冠军联赛的时候是什么样子。然而对于当今这一代人来说，选择也许就要困难一些了，因为他们想象不到任何其他的经济现实。

用纳税人的钱去拯救那些规模过大的脱轨银行的行为，与其说是在拯救系统，不如说是在拯救一个脱轨的系统。如果政策制定者能够意识到这一点，我们就不会失去自2008年金融危机以来的十多年。我太经常地听到政治家和中央银行家宣称："我们（当时）必须得这样做，不然的话整个系统就要崩溃了。"而事到如今，他们想要保护的系统对于气候和人类来说却是一个不平衡、不公平和不健康的系统。一个体系不一定会崩溃，你也可以引导它过渡成为一个更好的结构。问题在于，在脱轨系统中起领导作用的人往往正是该系统的主要管理人和政策制定者。而那些倡导更加平衡的新经济体系的人，很不幸，他们的位子还达不到可以在关键时刻改变航向的高度。

这就是为什么真正的变化只有在严重危机期间或者旧系统最终崩溃的时候才会发生。然而世界历史却表明，在这种混乱和无政府状态下，受害的还是普通民众，而且这样的时期往往还会导致军事冲突和人道主义危机。因此，将上述想法和解决方案铭记于心才符合我们的最佳利益。我们必须要拯救世界经济，使其不被资本家所滥用。

结 论

驯服巨人主义,再次赋予个人和宜居环境一席之地

结 论
驯服巨人主义，再次赋予个人和宜居环境一席之地

在本书的封面上，"巨人"两个大字赫然跳入眼帘。之所以采用这个词，我是经过了深思熟虑的。"巨人主义"的含义更接近于我想要分析的经济疾病。它扰乱了生物、社会和气候的平衡，并最终扰乱了所有的生态系统。是的，这听起来很戏剧性，而且事实也的确十分具有戏剧性。

这也意味着，叫停巨人主义可以全部或部分地解决一系列问题，而我们如今努力与之斗争的不过是这些问题的症状而已，例如肥胖、霸凌行为、自杀、犯罪、过劳、空气污染、温室气体、疏远以及我们经济的非人性化。

"过大"会刺激肿瘤和癌症。不仅在生物学上是这样，在经济学或社会学上也是如此。这种见解由来已久了，在过去的三十年里，经济学家们一直试图在世人的眼中将他们研究的领域作为一门科学来介绍。他们对经济进行量化，试图用公式（即所谓的"定律"）来建模，而这些公式和定律又进一步催生了计量经济学模型。这些宏观经济模型被官方规划机构或中央银行非常鲁莽地用来规划或调整经济。

这似乎是一个注定要失败的实验。我们越是集中地进行规划，人与社会就越会产生被置之不理的感觉。没有社会反思的经

济学会导致重大的不平衡,其表现将远远超出严格的经济领域,造成各种不良影响,例如气候问题、不平等、富裕病,等等。

因此,经济学家应该有更多的哲学洞察力,敢于思考经济选择和经济结构所产生的社会后果。也正是在这个"元经济"层面上,我们必须建立公平竞争的规则。这是因为如果缺乏适当的游戏规则,经济体系便会失控,而其中的赢家则会令该体系一步步走向更加反常。

一旦经济体系与人的距离太远,我们就必须对它进行调整。这就是今天巨人主义的核心问题。经济理论的创始人之一,比如亚当·斯密,很早就已经对这个问题有所了解了。旧经济学家们意识到,公司必须有能力竞争,而创新和自由的主动性对于保持经济的活力而言至关重要。倘若公司变得太大就会扼杀了竞争,健康的经济便无从谈起。

随着凯恩斯学派的兴起,这些见解逐渐改变了。这位英国经济学家十分笃信经济学家及其模型的指导作用。这不但使他个人获得了很大的权力,也赋予了政府额外的控制权力,而后者也因此成为凯恩斯主张的支持者。凯恩斯不赞成完全竞争,因为他认为小到消费者、大到整个经济,都会在完全竞争中丧失某些优势。虽然凯恩斯的名声主要来自他关于赤字开支和在危机中进行更多政府干预的研究,但他同时也是一位社团主义①者,[49]特

---

① 社团主义在历史上是一种政治体制,在这样的体制里,立法的权力交给了由产业、农业和职业团体所派遣的代表。这些社团主义的代表团与一般的商业公司或法人组织并不相同,而是构成了社团主义国家的中心思想,即精英政治。——译者注

结 论
驯服巨人主义，再次赋予个人和宜居环境一席之地

别是在20世纪20年代末、公司巨头主导美国经济的时候——例如，当时有三家大型汽车公司，而汽车行业是世界上最重要的产业之一。

美国经济学家埃德蒙·费尔普斯（Edmund Phelps）研究了凯恩斯的理论，[50]并得出结论认为，汽车行业（举例来说）的寡头垄断现象可以用凯恩斯主义对大公司力量的信念来解释。这位英国人还相信，因为社团主义，政府能够更好地引导经济向着它希望的方向发展。

在宏观经济领域内，凯恩斯还留下了更多本来出于善意、但最终却事与愿违的影响。自上而下的引导总是以良好的意图开始，但很快就会导致过度、不平衡，并需要进行更多调整；而这又会反过来引发新一轮的过度监管，并最终导致持续的干预——正如我们今天在世界经济的各个部分都能见到的一样。

然而，所有这些并没有使管理当局看到重大危机的到来。他们所谓的解决方案不过是些只能争取一点时间的干预措施罢了（正如那句英文歇后语所说的那样，"kicking the can down the road"，踢走路上的罐子）。

今天，我们一方面看到企业界巨头林立，一方面又面临着生产力的下降和一些公司不正常的利润率，于是不免心生疑窦，觉得这其中确实存在着严重问题。竞争不起作用，创新不足，因为小公司太快就被大型跨国公司收购或者被竞争淘汰，即没有"公平的竞争环境"。经济学家弗里德里希·冯·哈耶克（Friedrich Von Hayek）[51]和历史学家兼经济学家迪尔德

迟缓的巨人
"大而不能倒"的反思与人性化转向

丽·麦克洛斯基（Deirdre McCloskey）[52]都是自由主义思想家，但他们也反对集中和寡头垄断。而由政府干预或监管刺激的垄断和寡头垄断则更不可取。今天的问题并不在于新自由主义或新资本主义之争，而在于资本主义不再尊重自身的规则。比起在一个运作良好的资本主义体系中通常会有的规模，企业如今的规模要大得多：这其中的原因要么是竞争的缺乏，要么就是它们从游说或者与政府的密切联系中得到了好处。哈耶克和麦克洛斯基坚持认为，让"每一个人"——而不仅仅是受到保护的群体或者社团主义精英——都参与到创造过程中来，是非常重要的。根据麦克洛斯基的说法，过去几个世纪中西方经济之所以有了巨大增长，这就是原因所在。创新不仅仅关乎大的发明，也关于所有的专业窍门以及积极的员工对生产过程的每一个小小的改进。**为此，一个组织必须充分地去集中化，使每个员工都拥有参与感和责任感。而在巨大的公司或者政府部门中，这一点是非常难以实现的**，我们因此失去了大量的经济潜力。而出于同样的原因，员工也不再有参与感。

社团主义的问题在于它限制了企业家精神。一方面，企业家们必须克服越来越多的障碍，以获得政府、社会伙伴、行会、部门联合会以及许可机构的批准。对于小企业来说，这几乎是一项毫无希望的任务；而另一方面，大集团则试图将这种进入壁垒提得更高，毕竟位高权重的它们，与复杂性、监管和许可批准可谓是亲密无间。

巨人主义诞生于自上而下的系统、过于先进的社团主义以

结 论
驯服巨人主义，再次赋予个人和宜居环境一席之地

及对数学定律的信仰——经济学教授们用这些定律培养出了成千上万的、最终担任了高级职位的学生。举例来说，那种认为自由贸易有百益而无一害的信念，对气候和社会体系产生了巨大的影响。被凯恩斯主义大力鼓吹的政府监管导致了竞争的扭曲，时不时地过度刺激，堆积如山的债务，并最终造成了严重的经济后果。纯粹的经济思维忽视了许多方面，因此可能会产生更加糟糕的社会后果，意识到这一点尤为重要。**换句话说，我们需要的是更少的纯经济学家，和更多的在学术界其他分支（例如，心理学、科学、社会学和法律）内也有经验的经济学家。而最重要的是，我们需要的是更多的具有哲学和伦理洞察力的经济学家。** 经济学家对规模经济深信不疑，而这一经济公理也被顾问大军们像传教一样在各行各业大肆宣传：他们不仅在企业里，也在学校、医院和行政部门里开展宣传。太多的时候，扩大规模都会被作为解决方案或者战略提出。**然而规模经济的好处最终却通常令人失望。** 这还不算那些被人们忽略的、在其他领域内产生的影响：比如社会、生态、心理，等等。

既然"过大即恶"，那么我们是不是应该一百八十度大转弯，走上相反的路呢？前文提到的莱奥波德·科尔就来自反方的阵营。他的观点是："如果某个地方出了问题，那一定是因为它太大了。如果天上的星体在自发的爆炸中解体，原因并不在于其物质的不平衡，而是在于物质试图超越任何积累所设定的不可逾越的极限。它们的质量变得过大了。如果人得了癌症，那是因为一个细胞或一组细胞超越了它原本被设定的狭窄

边界。而当一个民族的机体被侵略性、残酷或者愚蠢大众的热潮所感染时，并不是因为这个民族成为不良领导或精神错乱的受害者，**而是因为这些人——无论他们作为个人或小团体多么有魅力——都已经被吸收到了过度集中的社会单位中。**"[53] 科尔的学说倾向于无政府主义，倾向于摒弃任何社会结构，但其中确实也包含了许多在今天可以成为解决方案的元素，像是去集中化、城市国家，以及对"小即是美"的重视。

他的弟子恩斯特·弗里德里希·舒马赫[①]（Ernst Friedrich Schumacher）[54] 寻求的则是一条更加温和的道路，同时他也是最早认识到经济增长会带来巨大生态后果的先驱之一。[55] 毫无疑问，舒马赫对于我这本书肯定是乐见其成的，尽管他可能会认为我在前一章中提出的解决方案还不够激进。我想要解决"过度"的问题，调整游戏规则，使增长更加可持续，并避免巨头主义。但舒马赫会走得更远，他会宣扬更多的反全球化，以及比小型国家或城市国家更加极端的地方主义。

然而这样一来，你就会向另一个极端倾斜。你会试图实现一种只有少数人真正希望的乌托邦社会，而人们则会觉得自己的自由或才能受到了限制。

在左派和右派、巨型和微型、全球主义和坐井观天心态之间寻找平衡，是一项艰巨的社会经济活动。极端情况就简单明

[①] 德裔英国经济学家，著有《小的是美好的》等著作。——编者注

结论
驯服巨人主义，再次赋予个人和宜居环境一席之地

晰多了，并且也有着一批狂热的拥趸——他们有时是出于纯粹的自我利益，有时则是出于智力上的懒惰。为了找到平衡点，你得要剖析并试图理解双方的立场，并从中将最佳元素提炼出来才行。

通过对例如学校和医院以及这些重要服务的分析，从某种程度上来说，我与奥地利哲学家伊万·伊里奇（Ivan Illich）的理论不谋而合。伊里奇很早就警告说，标准化和规范化导致了强迫消费。然而，我完全不认为自己是一个将技术视为蠢蠢欲动的邪恶势力的进步悲观主义者。相反，技术正是解决方案的一部分，它使我们能够有条件管理日益分散的系统。顺便说一句，不仅是在信息和通信技术领域是这样，在能源和物流部门中，情况也越发如此。

我认为重要的是，作为一个人，你可以保留自己的自由，而不会被一个系统及其专家们塑造成一个顺从的跟随者，这当然并不意味着专家不可以发挥顾问的作用。特别是在危机期间，决策者必须能够更加迅速地调集起一个由可靠专家组成的委员会。在这种情况下，将足够的多样性纳入考虑是至关重要的。凯恩斯本来是一位第一次世界大战之后出现的重要专家，而他的理论在2008年金融危机后又重新恢复了生机。但是他的理论并非无懈可击。凯恩斯的部分理论可能是有时间局限性的，毕竟早在20世纪30年代的危机之前，人们就开始过度消费他的经济灵药了。

经济学家和政策制定者最重要的作用仍然和消防员如出一

辙：决定你成功与否的因素，不是你有效灭火的能力，而是预防火灾的能力。 而这正是我责备中央银行家、政策制定者、银行家或者商业领袖的原因：频繁的干预主义给人造成了一种不负责任的感觉。如果事情出错，政府的大手就应该予以解决，在金融、社会和气候领域都是如此。现在这俨然已经形成了一种集体不负责任的氛围。凯恩斯主义培养了一种幻觉，即危急时刻一旦出现，政府便可以用公共开支或其他措施来进行干预。正是由于这种错觉，经济参与者的行为变得越来越鲁莽，而火势也越来越猛。政府不得不越来越大规模地对经济进行频繁干预，这导致中央银行的资产负债表膨胀起来，政府债务不断刷新历史高位。干预的余地越来越小，而必要的干预却极有可能变得越来越大。因此，资本主义正在挑战自己的极限。

顺便说一句，这可不仅仅是金融方面的问题，气候挑战也以同样的方式巨人主义化了。集体不负责任的现象已经出现，并且现在这个过程还很有可能走向脱轨，于是人们将希望寄托于一个强大的政府身上，希望由它来解决问题。这就是所谓的"公地悲剧"。如果没人觉得自己对清洁空气、污染或者公共设施负有个人责任的话，那么政府自己也就不可能保证做到这一点。

资本主义是我们经济的最佳组织系统之一，但却不是以其目前的形式——因为目前的这种形式正是巨人主义的根源所在。为了拯救经济，我们必须要采取强硬措施：特别是在卡特尔和裙带资本主义领域。无论如何，在欧洲之外施行这些措施

结 论

驯服巨人主义，再次赋予个人和宜居环境一席之地

都不容易。

如果我们想遏制巨人主义，就必须改变全球化的规则。社会和生态成本在全球经济选择中起到的作用太小了。如果在优化生产时只考虑经济冲动，那么人和环境就将为其所苦。对国际物流活动征收全球二氧化碳税将会完全改变经济游戏。本地生产将再次成为可能，而许多的国际物流活动将不再具有经济意义。如果物流将人和环境纳入考虑范围，那么船舶、港口和其他相关活动变得越来越大的趋势也将得到遏制。

经济学家们总是急于宣称"保护主义一贯不利于繁荣"，（但如果你把环境或社会层面也纳入等式中的话），这个经济公理其实并不公正。欧洲已经引入了一种基于质量标准的保护主义。比如，REACH 法案[1]要求化学公司建立一个闭环（回收系统）；汽车制造商和食品或消费品生产商则必须遵守非常详细的安全法规。那么，那些来自美国的、违反了社会或环境标准的产品，为什么欧洲不对其采取更加严厉的措施呢？顺便说一下，美国也有要求实行更多保护主义的呼声。如果我们可以用这种方式保护我们的产权或者公共设施，我们就也可以在一些行业中引入保护主义：想想那些对社会有益的公用事业或基础设施吧——例如港口、机场、医院、照明网络、电

---

[1] REACH 法案全称为《关于化学品注册、评估、许可和限制法案》(Registratie, Evaluatie en Autorisatie van Chemische producten)。它要求化学品行业保证从原材料到成品的控制和回收。——译者注

力，等等。

本书的一个重要见解是，经济游戏被一种新计划主义经济所扭曲了。这种经济在中央银行里尤其明显，而且不成比例地令大公司从中获益。西方政府必须敢于更多地下放自己的组织权力。在经济或技术效率的幌子下，那种建立越来越大的学校、医院和行政中心的冲动有着很大的弊端。这些在学校、医院和其他公共服务中的巨人主义不仅导致了民众间的日益疏远，也在一定程度上导致了学校中的欺凌和犯罪，以及社区精神和人类安全的丧失。

在这本书中，我描述了巨人主义的各种形式，以及由此产生的方方面面的后果。

我认为未来将变得更小、更慢、更加人性化。这三个形容词是彼此联系的。更小，因为它更加以人为本，而且更少地受到专家及其数学系统的操控。更慢，因为它将不再受到增长兴奋剂和随后的债务成瘾的刺激，而是在人类智慧的节奏中运行。还有更加人性化，因为这样的经济与人的距离更近，所以富裕病可以得到有效地预防，而我们则无须再使用例如永久剂量的化学药品来与之对抗。

这并不是什么乌托邦经济，而是一个考虑到人类在社会层面、生态层面以及经济层面等所有维度的经济。与经济学家几十年来通过大学灌输到政策中的一元化经济意识形态相比，二者有着很大的区别。我之所以要指责经济学家，不仅是因为他们的思维常常流于一元化，而且还因为他们总是只提前一步、而不是事先多提前几步进行思考。第一轮的效果可能是积极的（比如规模经济），但在接下来的几轮中却产生了潜在的有害副作用（比如经济的非人性化和气候问题）。经济学家们还过于相信经济可以通过模型进行模拟从而被引导。这是某种形式的过度自信，由此他们为自己安排了独立于政治和民主进程的重要角色（比如中央银行家）。经济学不是一门精确的科学，假如它可以被称为一门科学的话。

最后，经济学家的分析是从简单的假设出发的，他们假设出国家和产品的数量有限，完全竞争，有效的金融市场和理性的消费者，甚至假设出了一个运行良好的、可以及时进行干预的，而且拥有公平的税收制度的政府。但所有这些假设都无法经受现实的考验。

而事情一旦出错，经济学家们就开始从大处着想了。大规模的干预，向经济注入资金，让政府赤字增加，或者组织对公司和银行的大型救助活动。把经济学家们送去黄石国家公园吧，好让他们意识到，要想让脱轨现象回到正轨，并不总是需要动用重大的基础设施工程。有时候，仅仅释放几头狼就足以使生态系统再次恢复平衡了。经济学家必须学会从更小处着想，从更加接近人民的角度思考，从对我们每个人都是其中一员的生态系统更有益处的角度着想。让他们玩玩大富翁游戏吧，这样他们就会明白，连他们自己都已经不再了解游戏规则，并低估了游戏产生的后果。

我们太容易变得唯宿命论，从而对整个系统全盘否定。

不，经济并没有崩溃。世界不会因为日头毒辣就灭亡，低地国家也不会因为数米深的积水就被淹没。我们没有必要对经济进行安乐死。我们需要的只是将发挥创造性的冲动赋予人们，让他们围绕着复杂的问题——例如疾病、气候或者金融系统——进行合作。合作的人越多越好。相对的，越是成为少数人——不论是小型精英，还是并非通过才能，而是通过裙带关系变得强大的大型结构——的垄断，系统就越会进一步陷入困境，并导致巨大的危机。因此，我们不必全盘拒绝整个系统，但我们确实需要有勇气去批判地看待它和调整它。

注 释

1. The charts that show how big business is winning, David Leonhardt, opinion columnist, *The New York Times*, 17 juni 2018.

2. Peel, Quentin. "Merkel warns on cost of welfare." *Financial Times*, 16 december 2012.

3. Giancotti, M., Guglielmo, A., Mauro, M. (2017). Efficiency and optimal size of hospitals: results of a systematic search. *PloS ONE*, 12(3), e0174533.

4. Bordo, M. D., & Jonung, L. (1999). The future of emu: what does the history of monetary unions tell us? (No. w7365). *National Bureau of Economic Research*.

5. Grullon, G., Larkin, Y., & Michaely, R. Are U.S. Industries Becoming More Concentrated? (25 oktober 2018). Forthcoming, *Review of Finance*.

6. Veugelers, Reinhilde. (2018). Are European firms falling behind in the global corporate research race? (No. 25100). *Bruegel*.

7. Döttling, R., Gallardo, G. G., & Philippon, T. (2017). 'Is there an investment gap in advanced economies? If so, why', mimeo.

8. 证据基于对 74 个国家的上市公司所提供的商品和服务的平均价格加成的追踪。这是一家公司能够相对于其成本提高价格的程度，是衡量其市场力量的一个明显而简单的标准。

9. Dorn, D., Katz, L. F., Patterson, C., & Van Reenen, J. (2017). The fall of the labor share and the rise of superstar firms (No. w23396). *National Bureau of Economic Research*.

10. Salinas, Sara. "Amazon raises minimum wage to $15 for all US employees." cnbc, 2 oktober 2018.

11. Miles, L., Borchert, A., & Ramanathan, A. E. (2014). Why some merging companies become synergy overachievers. *Bain & Company*.

12. Lewis, A., & McKone, D. (2016). So many m&a deals fail because companies overlook this simple strategy. *Harvard Business Review*, 1–5.

13. Nguyen, H., & Kleiner, B. H. (2003). The effective management of mergers. *Leadership and Organizational Development Journal*, 24/8, 447–454.

14. Toplensky, Rochelle. "Multinationals pay lower taxes than a decade ago." *Financial Times*, 11 maart 2018.

15. Johansson, Å., Skeie, Ø. B., Sorbe, S., & Menon, C. (2017). Tax planning by multinational firms. oecd working papers No.1355.

16. 依据的是美国华盛顿的美利坚大学（American University）公共事务学院政府学系教授詹姆斯·A·瑟伯（James A. Thurber）

的说法。

17. How eu Markets Became More Competitive Than US Markets: A Study of Institutional Drift, Germán Gutiérrez, Thomas Philippon, nber Working Paper No. 24700 verschenen in juni 2018.

18. 由瑶琳·努尔斯（Jolien Noels）和胡华（音译自 Hua Hu）在波特·卡西斯（Bert Kassies）的数据库的基础上进行的计算。

19. Cunningham, C., Ederer, F., & Ma, S. (2018). Killer acquisitions.

20. 即塔吉特百货（Target）和凯马特超市（Kmart）。

21. 例如 Bed Bath and Beyond、Albertson、沃尔格林药房（Walgreens）、CVS Caremark、劳氏（Lowe's）、百思买（Best Buys）、喜互惠超市（Safeway）、Publix 超市、梅西百货（Macy's）、Dollar General、盖璞（The Gap）、西尔斯百货（Sears）、开市客（Costco）、克罗格超市（Kroger）、家得宝（Home Depot）、塔吉特百货（Target），等等。

22. *Journal of Commerce*, Eric Johnson, senior technology editor, 21 mei 2018.

23. Alliance for American Manufacturing, 2016.

24. Jia, P. (2008). What happens when Wal-Mart comes to town: An empirical analysis of the discount retailing industry. *Econometrica*, 76(6), 1263–1316.

25. Courtemanche, C., & Carden, A. (2011). Supersizing

supercenters? The impact of Walmart Supercenters on body mass index and obesity. *Journal of Urban Economics*, 69(2), 165–181.

26. Wolfe, S. E., & Pyrooz, D. C. (2014). Rolling back prices and raising crime rates? The Walmart effect on crime in the United States. *British Journal of Criminology*, 54(2), 199–221.

27. Goos, M., Manning, A., & Salomons, A. (2009). Job polarization in Europe. *American Economic Review*, 99(2), 58–63.

28. Blechter, B., Jiang, N., Cleland, C., Berry, C., Ogedegbe, O., & Shelley, D. (2018). Correlates of burnout in small independent primary care practices in an urban setting. *The Journal of the American Board of Family Medicine*, 31(4), 529–536.

29. Ferris, J. S., & West, E. G. (2004). Economies of scale, school violence and the optimal size of schools. *Applied Economics*, 36(15), 1677–1684.

30. Centers for Disease Control and Prevention. (2014). The relationship between bullying and suicide: What we know and what it means for schools. Chamblee, ga: Centers for Disease Control and Prevention. *National Center for Injury Prevention and Control, Division of Violence Prevention*.

31. Recsei, T. (2005). Pipe Dreams: The shortcomings of ideologically based planning. *People and Place*, 13(2), 68. Recsei, T. (2013). Health, Happiness, and Density. New geography.

32. Jowell, A., Zhou, B., & Barry, M. (2017). The impact of

megacities on health: preparing for a resilient future. *The Lancet Planetary Health*, 1(5), e176-e178.

33. Rosling, H., Rosling, O., & Rönnlund, A. R. (2018). *Factfulness: Ten reasons we're wrong about the world--and why things are better than you think.* St Martin's Press.

34. 关于皮凯蒂（Piketty）的错误更加完整的概述，请见：McCloskey, D. N. (2014). Measured, unmeasured, mismeasured, and unjustified pessimism: a review essay of Thomas Piketty's Capital in the twenty-first century. *Erasmus Journal for Philosophy and Economics*, 7(2), 73–115.

35. Raworth, K. (2017). *Doughnut economics: seven ways to think like a 21st-century economist.* Chelsea Green Publishing.

36. Andrews, D., C. Criscuolo en P. Gal (2016), 'The best versus the rest: the global productivity slowdown, divergence across firms and the role of public policy', *oecd Productivity Working Papers*, no. 5, oecd Publishing, Parijs.

37. Zuckoff, Mitchell (2005), *Ponzi's Scheme: The True Story of a Financial Legend*, New York: Random House.

38. 就医院是否会因规模扩大而变得更便宜这一点，最近的研究和文章对此打出了大大的问号。经济上的好处其实并没有那么明显。见 Abelson, Reed. "When hospitals merge to save money, patients often pay more." *The New York Times*, 14 november 2018.

39. 这种风险被大数据进一步提高了。凯希·奥尼尔

（Cathy O'Neil）的《数学毁灭性武器》（Weapons of Math Destruction）一书给我们上了一课：集中管理的系统更多地使用了"标准化的规则"。而这种使用如今被自动化了。个人被与所谓的"普通人"的正确做法进行比较。但是对于一个群体而言的平均状态其实并不太能说明一个人的情况。大数据的加持使这一切看起来更加像是一个客观的过程，因为是"科学和数据"在说话。然而，不平等和过度行为却因此变得更加制度化了，对抗它们变得越来越困难："系统是正确的"。中央体系成了不透明的、自动化的、非个人化的过程。

40. 据说索罗斯从英镑的贬值中获利足有10亿美元。

41. Keegan, W., Marsh, D., & Roberts, R. (2017). *Six days in September: Black Wednesday, Brexit and the making of Europe*. omfif Press.

42. Weiner, E. (2016). *The geography of genius: lessons from the world's most creative places*. Simon and Schuster.

43. Kohr, L. (1992). Disunion now: a plea for a society based upon small autonomous units (1941). *Telos*, 1992(91), 94–98.

44. 在法国的旧制度（ancien régime）时期，行会指的是具有相同职业的人组成的利益组织。在荷兰的一些地方，人们也使用工艺（ambachten）一词。这些行会和工艺从中世纪一直存在到18世纪末。

45. 政治性经济租（politieke rente），更为人所知的叫法即为寻租（rent-seeking），是指试图通过政治，或者再具体一点，通过游说来寻求个人的好处、而损害社会的行为。

46. https://www.weforum.org/agenda/2018/08/3-reasons-all-countries-should-embrace-the-global-compact-formigration/. 另见里克·范·考沃拉特（Rik Van Cauwelaert）于2018年11月17日在《比利时时报》(*De Tijd*) 上的文章："这个协议与多年前在达沃斯世界经济论坛上提出的放宽国际移民的请求是一致的。一些左翼团体和政党甚至怀疑，全球移民协议不过是国际商业界用来供应（廉价）劳动力的包装而已。"

47. 这里是2011年的价格。2014年，所有的价码已经增长了20%。因此在2019年，价格很可能要至少高出三分之一。

48. Sorkin, Andrew Ross. "A hefty price for entry to Davos." *The New York Times*, 24 januari 2011.

49. Crotty, J. (1999). Was Keynes a corporatist? Keynes's radical views on industrial policy and macro policy in the 1920s. *Journal of Economic Issues*, 33(3), 555–577.

50. Phelps, E. S. (2008). *Corporatism and Keynes: His Philosophy of Growth*. Revisiting Keynes: economic possibilities for our grandchildren. doi:10.7551/mitpress/9780262162494.003.0006.

51. 冯·哈耶克也是垄断和寡头垄断的反对者。

52. McCloskey, D. (2006). *The bourgeois virtues: Ethics for an age of commerce*. Chicago: University of Chicago Press. (2010). *Bourgeois dignity: Why economics can't explain the modern world*. Chicago: University of Chicago Press. (2016). *Bourgeois equality:*

How ideas, not capital or institutions, enriched the world. Chicago: University of Chicago Press.

53. Leopold Kohr in *The Breakdown of Nations*.

54. *Small is Beautiful: The Wisdom of E.F. Schumacher*, Kamran Mofid, 11 april 2011.

55. 舒马赫在二战期间作为德国难民被囚禁在了英国，并且得到了另一位经济学家约翰·梅纳德·凯恩斯（John Maynard Keynes）的帮助，以继续他的研究。然而，凯恩斯却剽窃了舒马赫的作品，并将其纳入到了他的《国际清算联盟计划》（Plan for an International Clearing Union）中。

参考文献

Abbott, A. (2012). Stress and the city: Urban decay. *Nature News, 490* (7419), 162.

Acemoglu, D. (2009, januari 6). The Crisis of 2008: Structural Lessons for and from Economics. mit.

Andrade, L. H., Wang, Y.-P., Andreoni, S., Silveira, C. M., Alexandrino-Silva, C., Siu, E. R., et al. (2012). Mental disorders in megacities: Findings from the São Paulo megacity mental health survey, Brazil. *PloS ONE , 7* (2), https://doi.org/10.1371/journal.pone.0031879.

Andrews, D., Criscuolo, C., & Gal, P. N. (2016). *The best versus the rest: The global productivity slowdown, divergence across firms and the role of public policy.* Paris: oecd Publishing.

Angotti, T., Paul, B., Gray, T., & Williams, D. (2010). *Wal-mart's economic footprint: a literature review prepared by Hunter College Center for Community Planning & Development and New York City Public Advocate Bill de Blasio.* New York City: Center for Community Planning and Development Hunter College.

Autor, D., Dorn, D., Katz, L. F., Patterson, C., & Van Reenen, J. (2017, mei). The Fall of the Labor Share and the Rise of Superstar Firms. MIT.

Bernanke, B. (2000). *Essays on the great depression.* Princeton University Press.

Blechter, B., Jiang, N., Cleland, C., Berry, C., Ogedegbe, O., & Shelley, D. (2018). Correlates of burnout in small independent primary care practices in an urban setting. *The Journal of the American Board of Family Medicine, 31* (4), 529–536.

Borio, C. (2018, januari 10). A blind spot in today's macroeconomics? Speech at bis-imf-oecd Joint Conference on "Weak productivity: the role of financial factors and policies", Parijs.

Borio, C. E., Kharroubi, E., Upper, C., & Zampolli, F. (2016). Labour reallocation and productivity dynamics: financial causes, real consequences. bis *Working Paper No. 534.*

Borio, C. (2016, september 13–14). Towards a Financial Stability-Oriented Monetary Policy Framework. *Presentatie gegeven op de conferentie gehouden naar aanleiding van de 200ste verjaardag van de centrale bank van Oostenrijk.*

Buyst, E., Goos, M., & Salomons, A. (2018). Job polarization: an historical perspective. *Oxford Review of Economic Policy, 34* (3), 461–474.

Cardiff-Hicks, B., Lafontaine, F., & Shaw, K. (2015). Do Large Modern Retailers Pay Premium Wages? *Industrial and Labor Relations Review, 68* (3), 633–665.

Cecchetti, S. G., & Kharroubi, E. (2012). Reassessing the Impact of Finance on Growth. bis *Working Paper No. 381*.

Cecchetti, S. G., & Kharroubi, E. (2015). Why Does Financial Sector Growth Crowd Out Real Economic Growth? cepr *Discussion Paper No. 490*.

Courtemanche, C., & Carden, A. (2011). Supersizing supercenters? The impact of Walmart Supercenters on body mass index and obesity. *Journal of Urban Economics 69* (2), 165–181.

De Vries, S., Verheij, R. A., Groenewegen, P. P., & Spreeuwenberg, P. (2003). Natural environments - healthy environments? An exploratory analysis ofthe relationship between greenspace and health. *Environment and planning A, 35*(10), 1717–1731.

Diez, F. J., Leigh, D., & Tambunlertchai, S. (2018, juni 15). Global Market Power and its Macroeconomic Implications. imf*Working Paper*.

Draghi, M. (2017, mei 24). The interaction between monetary policy and financial stability in the euro area, speech at the First Conference on Financial Stability organised by the Banco de España and Centro de Estudios Monetarios y Financieros, Madrid.

Drehmann, M., Borio, C. E., & Tsatsaronis, K. (2012). Characterising the Financial Cycle: Don't Lose Sight of the Medium Term. bis*Working Paper No. 380*.

Eichengreen, B. (2015). Hall of Mirrors. The Great Depression, the Great Recession, and the Uses – and Misuses – of History. Oxford University Press.

Eichengreen, B. (2009). The last temptation of risk. *The National Interest* (101), 8–14.

Evans G. W., P. L. (2002). Crowding and children's mental health: the role of house type. *Journal of Environmental Psychology*, 22(3), 221–231.

Evans, G. W., Lercher, P., & Kofler, W. W. (2002). Crowding and children's mental health: the role of house type. *Journal of Environmental Psychology*, 22 (3), 221–231.

Ficano, C. C. (2013). Business Churn and the Retail Giant: Establishment Birth and Death from Wal-Mart's Entry. *Social Science Quarterly*, 94 (1), 263–291.

Furman, J., & Orszag, P. (2015). A firm-level perspective on the role of rents in the rise in inequality. Presentation at "A Just Society" Centennial Event in Honor of Joseph Stiglitz Columbia University.

Germán Gutiérrez, T. P. (2018, juni). How eu Markets Became More Competitive Than US Markets: A Study of Institutional

Drift. *nber Working Paper*, No. 24700.

Germán Gutiérrez, T. P. (2018, June). How eu Markets Became More Competitive Than US Markets: A Study of Institutional Drift. *nber Working Paper*, No. 24700.

Giancotti, M., Guglielmo, A., & Mauro, M. (2017). Efficiency and optimal size of hospitals: Results of a systematic search. *PloS ONE , 12* (3), e0174533.

Global Cities Institute. (2014). *Socioeconomic pathways and regional distribution of the world's 101 largest cities.* Global Cities Institute.

Goos, M., Manning, A., & Salomons, A. (2014). Explaining job polarization: Routine-biased technological change and offshoring. *American Economic Review, 104* (8), 2509–2526.

Gruebner, O. et. al. (2017). Cities and Mental Health. *Deutsches Arzteblatt International*, vol. 114,8 (2017), 121–127.

Jia, P. (2008). What happens when Wal-Mart comes to town: An empirical analysis of the discount retailing industry. *Econometrica , 76* (6), 1263–1316.

Jowell, A., Zhou, B., & Barry, M. (2017). The impact of megacities on health: preparing for a resilient future. *The Lancet Planetary Health , 1* (5), PE176-E178.

Kahneman, D., Slovic, P., & Tversky, A. (1982). *Judgment under uncertainty: Heuristics and biases.* New York: Cambridge

University Press.

Khanna, P. (2016). *Connectography: Mapping the future of global civilization.* Random House.

Kindelberger, C. P., & Aliber, R. Z. (2005). Manias, Panics, and Crashes. A History of Financial Crashes. Palgrave Macmillan.

Lederbogen, F., Kirsch, P., Haddad, L., Streit, F., Tost, H., Schuch, P., et al. (2011). City living and urban upbringing affect neural social stress processing in humans. *Nature, 474* (7352), 498–501.

Maas, J., Verheij, R. A., de Vries, S., Spreeuwenberg, P., Schellevis, F. G., & Groenewegen, P. P. (2009). Morbidity is related to a green living environment. *Journal of Epidemiology and Community Health , 63* (12), 967–973.

Mackay, C. (1841). *Extraordinary popular delusions and the madness of crowds.* London: Wordsworth Editions.

Masters, J. (2016, oktober 18). *Champions League: Are European giants forcing smaller rivals out?* From cnn: https://edition.cnn.com/2016/10/18/football/atlantic-league-champions-league-football/index.html.

McCloskey, D. N. (2006). *The bourgeois virtues: Ethics for an age of commerce.* Chicago: University of Chicago Press.

McDonald, L. G., & Robinson, P. (2009). *AColossal Failure of Common Sense. TheInside Story of the Collapse of Lehman

Brothers. New York: Crown Business.

Milanovic, B. (2016). *Global Inequality. A New Approach for the Age of Globalization*. Cambridge, Massachusetts: Harvard University Press.

Mitchell, D. J. (2016, juli 2). *The Secret of Swiss Success Is Decentralization*. Retrieved november 30, 2018 from Foundation for Economic Education: https://fee.org/articles/the-secret-of-swiss-success-is-decentralization/.

Neumark, D., Zhang, J., & Ciccarella, S. (2008). The effects of Wal-Mart on local labor markets, Department of Economics. *Journal of Urban Economics, 63* (2), 405–430.

Piketty, T. (2014). *Capital in the Twenty-First Century*. Cambridge, Massachusetts: Harvard University Press.

Powell, A., Thomas, M., & Shennan, S. (2009, juni 5). *High population density triggers cultural explosions*. From University College London: https://www.ucl.ac.uk/news/2009/jun/high-population-density-triggers-cultural-explosions.

Raghuram, R. G. (2009). The Credit Crisis and Cycle-Proof Regulation. *Federal Reserve Bank of St. Louis Review, 91* (5), 397–402.

Rajan, R. (2013, juni 23). A step in the dark: unconventional monetary policy after the crisis, Bank for International Settlements, Andrew Crockett Memorial Lecture.

Rajan, R. G. (2010). *Fault Lines. How Hidden Fractures Still Threaten the World Economy.* Princeton, New Jersey: Princeton University Press.

Rajan, R. G. (2005, augustus). The Greenspan Era. Lessons for the Future, speech at Jackson Hole Symposium.

Randolph, B. (2006, oktober). Children in the Compact City. Fairfield B, (Sydney) as a suburban case study. *University of nsw, Paper Commissioned by the Australian Research Alliance for Children and Youth.*

Raworth, K. (2017). *Doughnut economics: seven ways to think like a 21st-century economist.* Vermont: Chelsea Green Publishing.

Recsei, T. (2013, september 19). *Health, Happiness, and Density.* From NewGeography. com: http://www.newgeography.com/content/003945-health-happiness-and-density.

Recsei, T. (2005). Pipe dreams: the shortcomings of ideologically based planning. *People and Place, 13* (2), 68–81.

Regoeczi, W. C. (2002). The Impact of Density: The Importance of Nonlinearity and Selection on Flight and Fight Responses. *Social Forces, 81* (2), 505–530.

Reinhart, C. M., & Rogoff, K. S. (2009). This time is different: Eight centuries of financial folly. Princeton, New Jersey: Princeton University Press.

Robertson, A. (2018, september 6). *How the antitrust battles of* the '90s set the stage for today's tech giants. Uit The Verge: https://www.theverge.com/2018/9/6/17827042/antitrust-1990s-microsoft-google-aol-monopoly-lawsuits-history.

Roubini, N., & Mihm, S. (2010). *Crisis Economics. A Crash Course in the Future of Finance.* New York: The Penguin Press.

Shiller, R. J. (2005). *Irrational Exuberance.* Princeton, New Jersey: Princeton University Press.

Shiller, R. J. (2008). *The Subprime Solution. How Today's Global Financial Crisis Happened, and What to Do about It.* Princeton, New Jersey: Princeton University Press.

Sinn, H.-W. (2008, december 17). *Whatcan be learned from the banking crisis.* From vox cepr Policy Portal: https://voxeu.org/article/what-can-be-learned-banking-crisis.

Solow, R. (2010). Building a science of economics for the real world. *House Committee on Science and Technology, Subcommittee on Investigations and Oversight, 20.*

Stigler, G. J. (1971). The Theory of Economic Regulation. *The Bell journal of economics and management science, 2* (1), 3–21.

Stulz, R. M., & Zingales, L. (2009). The Financial Crisis: An Inside View. Comments and Discussion. *Brookings Papers on Economic Activity* , 64–78.

Sundquist, K., Frank, G., & Sundquist, J. (2004). Urbanisation and incidence of psychosis and depression: follow-up study of 4.4 million women and men in Sweden. *The British Journal of Psychiatry*, *184* (4), 293–298.

Taleb, N. N. (2007). *The black swan: Theimpact of the highly improbable.* NewYork: Random house.

uefa. (2018). *The European Club Footballing Landscape, Ninth Club Licensing Benchmarking Report, Financial Year 2016.* Union of European Football Associations.

Van Overtveldt, J. (2009). *Bernanke's Test. BenBernanke, Alan Greenspan and theDrama of the Central Banker.* Agate Publishing.

Volcker, P. (2013, mei 29). Central Banking at aCrossroad, speech at the Economic Club of New York.

Weiner, E. (2016). *The geography of genius: a search for the world's most creative places from ancient Athens to Silicon Valley.* NewYork: Simon and Schuster.

White, L. J., & Yang, J. (2017, maart 30). *WhatHas Been Happening to Aggregate Concentration in the U.S. Economy in the 21st Century?* Beschikbaar op ssrn: https://ssrn.com/abstract=2953984 or http://dx.doi.org/10.2139/ssrn.2953984.

White, W. R. (2006). Is price stability enough? bis *Working Papers 205, Bank for International Settlements.*

White, W. R. (2009). Should monetary policy "lean or clean"?

参考文献

Globalization Institute Working Papers 34, Federal Reserve Bank of Dallas.

White, W. R. (2012). Ultra Easy Monetary Policy and the Law of Unintended Consequences. *Globalization Institute Working Papers 126, Federal Reserve Bank of Dallas.*

Yellowstone Science. (2016, juli13). *Celebrating 20 years of wolves.* From Yellowstone National Park: https://www.nps.gov/yell/learn/upload/yellowstone-science-24-1-wolves.pdf.

后　记

　　本书的想法诞生于 2012 年，也就是十年多以前。写这本书的时间几乎和写我的第一本书《经济休克》的时间一样长，那本书的基本主张和结构早在 2005 年就已经冒头了，而最终与大众见面则是在 2008 年 10 月。也就是说，把一个基础的想法付诸笔端，我大约需要三到七年的时间。这是为什么呢？也许是因为缺乏时间吧，因为我同时也是企业家、运动员和一个顾家的男人。然而，见解会随着时间的推移而变得更好。就好比葡萄酒有成熟期一样，想法和概念在变成一本坚实的书之前也需要一个成熟的过程。

　　关于本书的第一次采访可以追溯到 2013 年，而我的第一次 TED 演讲[①]则发生在 2014 年。在几百次的自行车骑行之后——因为我在骑车的时候有时间将思绪厘清——我不但对事情有了更加清晰的理解，而且还能够在不同的层面上进行研究，从而令这一切都有了深度。其中的一些主张我已经在学校

[①] TED（指 technology、entertainment、design 在英语中的缩写，即技术、娱乐、设计）是美国的一家私有非营利机构，该机构以它组织的 TED 大会著称，这个会议的宗旨是分享"值得传播的创意"。——编者注

后 记

里与毕业班的学生们一起测试过了，他们身上的新鲜劲头与非常开放的思想相结合，为我提供了许多批判性的反馈意见。

然而，一个好的概念和一本好书之间还是存在距离的。毕竟，我希望有人会去阅读本书，而且每个读者都能从中有所收获。事实上，我想把我的这本书送给每一个还没有读过这本书的买家。毕竟我十分担心的是，装饰图书馆的时髦书籍一抓一大把，但真正被人阅读的却少之又少。

如果没有我的家人：瓦莱丽（Valérie）、瑶琳（Jolien）和昆腾（Quinten），也就不会有这本书。他们给了我极大的帮助：瑶琳负责进行来源和事实的核查，昆腾设计了封面，而瓦莱丽则确保我们每天都在"建造"，直到这项巨大的"工程"完工。瑶琳的朋友胡华（音译自 Hua Hu）在科学基础和批判性思考方面提供了帮助。

我还想特别感谢几个人。我要感谢约翰·范·欧法费尔特（Johan Van Overtveldt）的支持和经济见解，感谢亨德里克·奥普德贝克（Hendrik Opdebeeck）在本书的哲学方面给予我的鼎力支持。

我还要感谢扬·罗德瓦克斯（Jan Lodewyckx）最后的编辑工作，我们在合作完成《经济休克》一书中之后，又一次携起手来，推出了这本精美的书籍。

我还要感谢朗诺出版公司的工作人员，他们尽其所能地制作了一本让所有人都感到自豪的书。它被非常仔细地校对过，有着漂亮的图表和考究的布局。我不相信机器人会出书，毕竟它们缺乏对纸张的热爱,而且也无法与这么多人进行互动——在这个创作过程中,这些是必不可少的。

赫尔特·努尔斯